+++++++++++++++++++ Bismarcks Triumph – Deutsches Reich ausgerufen! ++++++++

++ Alexander Emmerich ++++++++++++++++++++++++++++++++++++++++++++++++++++

# Bismarcks Triumph – Deutsches Reich ausgerufen!

## Wendepunkte der Geschichte

THEISS

Die Deutsche Nationalbibliothek verzeichnet diese Publikation in der Deutschen Nationalbibliografie; detaillierte bibliografische Daten sind im Internet über http://dnb.d-nb.de abrufbar.


Umschlaggestaltung: Stefan Schmid Design, Stuttgart
Bild: picture-alliance/akg-images (»Die Proklamierung des Deutschen Kaiserreiches«, Gemälde von Anton von Werner, 1885. Friedrichsruh, Bismarck-Museum)
Projektleitung: Melanie Ippach, Theiss Verlag, Stuttgart
Herstellungsleitung: Julia Kamenik, Theiss Verlag, Stuttgart
Lektorat: Thomas Theise, Regensburg
Korrektorat: Kirsten Gleinig, Hamburg
Kartografie: Peter Palm, Berlin
Gestaltung: Stefanie Silber, www.silbergestalten.de
Satz: Satzpunkt Ursula Ewert GmbH, Bayreuth
Druck und Bindung: Beltz Druckpartner, Hemsbach
Gedruckt auf säurefreiem und alterungsbeständigem Papier
Printed in Germany

**Besuchen Sie uns im Internet: www.theiss.de**
**ISBN 978-3-8062-2404-7**

Elektronisch sind folgende Ausgaben erhältlich:
eBook (PDF): 978-3-8062-2493-1
eBook (epub): 978-3-8062-2494-8

# Inhalt

## +++ Die Kaiserproklamation im Spiegelsaal zu Versailles +++

Seit Sommer 1870 tobt der Deutsch-Französische Krieg, und seit dem 19. September des gleichen Jahres belagern deutsche Truppen Paris. Frankreich ist militärisch praktisch besiegt, doch das eigentliche Kriegsziel Otto von Bismarcks, die Einheit Deutschlands, ist erst durch die Kaiserproklamation am Morgen des 18. Januar 1871 vor den Toren der französischen Hauptstadt erreicht: im Schloss von Versailles.

+++ **Noch immer toben** Kämpfe zwischen deutschen und französischen Truppen. Paris ist seit Tagen von den Deutschen umstellt. Während der Belagerung wird das Versailler Schloss von den deutschen Truppen als Lazarett genutzt.

Versailles am Morgen des 18. Januar 1871: Schon früh am Morgen, noch vor Sonnenaufgang, bricht Hektik aus. Die verletzten Soldaten müssen weichen – auf Befehl von ganz oben. Man brauche den Spiegelsaal des Schlosses. Ärzte und Schwestern gehorchen. Sie räumen das Schloss. Bald dringen zu ihnen auch die ersten Gerüchte für den Aufwand durch: An diesem Tag soll im Versailler Schloss die Proklamation der deutschen Einheit und des neuen deutschen Kaisertums stattfinden. Andere wollen wissen, es handele sich um eine Feierlichkeit des Hauses Hohenzollern.

Wo vor wenigen Stunden noch Verwundete versorgt wurden, laufen schon bald die Vorbereitungen für die unbekannte Feier auf Hochtouren. Jeder Anwesende weiß es und spürt es bis in die Fußspitzen in den militärischen Stiefeln: Heute wird deutsche Geschichte geschrieben! Und das im wahrsten Sinn des Wortes. Keine preußische, keine bayerische, keine badische – deutsche Geschichte! Vielleicht wird dieser Tag sogar einmal als einer der bedeutendsten Tage in der deutschen Geschichte gefeiert werden. Entsprechend angespannt sind die Protagonisten an diesem trüben, aber milden Wintertag: Die deutschen Fürsten, Politiker, Generäle und hochrangigen Soldaten haben sich nach den Kämpfen gegen die Franzosen in Schale geworfen, um diesen Tag mit besonderer Würde zu begehen. Hinter ihnen liegt ein Feldzug, der im Sommer 1870 begonnen und bereits im September mit dem Sieg über Napoleon III. bei Sedan die Entscheidung gebracht hatte.

Unter den hochrangigen Politikern und Soldaten sind auch der preußische König Wilhelm und der preußische Ministerpräsident Otto von Bismarck, der eigentliche »Macher« dieses Tages. Für ihn, den künftigen deutschen Reichskanzler, ist dieser Tag jedenfalls der größte in der deutschen Geschichte – und sein ganz persönlicher Erfolg. Daran hat er keinen Zweifel. Seit Jahren hatte er mit diplomatischer Raffinesse und konservativer Politik auf diesen Augenblick hingearbeitet. Seit seinem Amtsantritt im Jahr 1862 will Bismarck die Einigung Deutschlands herbeiführen – unter preußischer Führung! Was die Revolutionäre von 1848/49 nicht vermocht hatten, das sollte ihm gelingen.

Während im Versailler Schloss die Vorbereitungen laufen, bereitet sich Otto von Bismarck in Ruhe auf die Kaiserproklamation vor. Dabei schweifen seine Gedanken ab, und er sinniert über die vergangenen Jahre. Seit der napoleonischen Zeit haben die Deutschen um die Einheit ihrer Sprach- und Kulturnation gerungen. Das Haus Habsburg, das jahrhundertelang die Kaiserwürde innegehabt hatte, nahm die Vormachtstellung ein. Doch gelang es Preußen nicht zuletzt durch seine Politik, Österreich aus dem Deutschen Bund zu verdrängen. Noch einmal ruft er sich den Krieg gegen Österreich 1866 ins Gedächtnis: Der Sieg Preußens war ein entscheidender Schritt auf dem Weg zur Reichsgründung. Man stelle sich nur vor, welche militärische, wirtschaftliche und politische Kraft ein vereintes Deutsches Reich entwickeln würde. Endlich soll Deutschland unter Preußens Führung geeint und ein moderner Nationalstaat sein! Bismarck schmunzelt …

Während der »Eiserne Kanzler« seine Paradeuniform anlegt, wird sein Schmunzeln zu einem breiten Grinsen. Er kann den Moment kaum fassen und hält inne, denn er hat sein großes Ziel erreicht. Ein Moment der Freude überkommt den sonst so kühlen Politiker. Er hat für das große Ereignis einen besonderen Tag und Ort gewählt: den für Preußen so bedeutsamen 18. Januar, denn an diesem Tag wurde Friedrich I. im Jahr 1701 zum ersten preußischen König gekrönt – Ausgangspunkt für den Aufstieg Brandenburg-Preußens und des Hauses Hohenzollern zu einer europäischen Großmacht. Und das Schloss zu Versailles, das von jeher als Symbol des französischen Selbstverständnisses galt und wie kein anderer Ort Macht und Glanz der Grande Nation, des nunmehr von den vereinten deutschen Truppen geschlagenen Weltreiches, verkörperte. Für die Deutschen ist Versailles jedoch vor allem ein neutraler Ort, denn Bismarck will mit allen Mitteln verhindern, dass über den Ort der Kaiserproklamation ein Streit zwischen den deutschen Fürsten ausbricht. Weder Berlin noch die alte Hauptstadt des Deutschen Bundes, Frankfurt am Main, kommen dafür infrage.

Gegen zehn Uhr marschieren deutsche Soldaten in Galauniform rings um das Schloss auf. Sie stehen Spalier, als begleitet von feierlicher Musik die Fahnen, Flaggen und Standarten der vor Paris liegenden deutschen Truppen in das ehemalige Königsschloss gebracht und im prachtvollen Spiegelsaal aufgebaut werden. Nach den harten Kämpfen der letzten Monate genießen die Soldaten das prächtige Farbenspiel.

Aus Gründen der militärischen Sicherheit ist die Kaiserproklamation bis kurz vor Beginn der Zeremonie offiziell als »Begehung des Ordensfests des hohenzollerschen Hausordens vom Schwarzen Adler« maskiert. Nur die beteiligten Armeeeinheiten sind eingeweiht.

Dann warten die aufmarschierten Soldaten auf den preußischen König, unter dessen Führung sie in den Krieg gegen Frankreich gezogen sind. Hier im Spiegelsaal von Versailles wird er vor den deutschen Fürsten die Gründung des Deutschen Reiches verkünden und die Kaiserwürde annehmen.

Die Vorbereitungen im Schloss sind beinahe abgeschlossen. Es ist vorgesehen, dass Wilhelm am Ende des Saales auf einer Erhöhung steht und hinter ihm die Fahnen der deutschen Fürsten. In der Mitte des Saales errichten die Helfer einen provisorischen Altar. Dafür verwendet man einen Tisch aus dem Audienzzimmer Ludwigs XIV., des Sonnenkönigs. Der Tisch, der auf seiner Platte eine Mosaiklandschaft der Niederlande trägt, wird mit einer roten Felddecke der 1. Garde-Infanterie-Division bedeckt. Und um ihn herum versammeln sich nun alle Geistlichen, welche die deutschen Truppen auf ihrem Frankreichfeldzug begleiten. Bald darauf füllt sich der Spiegelsaal. Nun treten die Angehörigen der deutschen Armeen aller Waffengattungen und Ränge ein und nehmen Aufstellung.

Als im Versailler Schloss alles angerichtet ist, verlässt König Wilhelm von Preußen um 12 Uhr mittags sein Quartier und fährt in einer offenen Kutsche zum Versailler Schloss. Er ist sich bewusst, dass er als preußischer König aufbricht und als deutscher Kaiser zurückkehren wird. Auf der Fahrt zum Schloss drehen sich seine Gedanken um seinen engsten Vertrauten Bismarck. Für den Bruchteil einer Sekunde verflucht er Bismarck, der ihn in diese zwiespältige Situation gebracht hat. Die Gründung des Reiches ist Bismarcks Werk, seinetwegen soll der preußische König nun deutscher Kaiser werden – obwohl Wilhelm es gar nicht möchte.

Als Wilhelm in Versailles ankommt, wird er von der 1. Kompanie der preußischen Königsgrenadiere empfangen, die am Eingang des Schlosses auf ihn wartet. Er schreitet die Garde ab, passiert das Reiterstandbild Ludwigs XIV. und betritt den Spiegelsaal von Versailles. Ihm schließen sich alle in Paris anwesenden deutschen Fürsten an. Sobald Wilhelm den ersten Fuß in den Spiegelsaal setzt, beginnt ein Chor von Sängern aus drei preußischen Regimentern »Jauchzet dem Herrn alle Welt«, eine Vertonung von Psalm 60, zu singen.

Wie vorgesehen stellt sich Wilhelm gegenüber dem Altar auf. Um ihn versammeln sich die Fürsten des künftigen Deutschen Reiches und symbolisieren so ihre Einheit. Ihnen folgen die Prinzen, Generäle und Minister der einzelnen deutschen Staaten. An der Spitze der Politiker steht der preußische Ministerpräsident Otto von Bismarck. Er verzieht keine Miene. Zeitzeugen werden später berichten, dass er während der gesamten Kaiserproklamation grimmig und verstimmt dreinblickte.

Die Feierlichkeiten im Spiegelsaal von Versailles beginnen mit einem Gottesdienst, den der königliche Hofprediger Bernhard Rogge – umringt von acht protestantischen Feldgeistlichen – abhält. Rogge ist immerhin bereits seit zwei Tagen in die Planung der Feier eingeweiht. Die versammelten deutschen Fürsten und Politiker stimmen in den Choral »Sei Lob und Ehr' dem höchsten Gut« ein. Rogge, der das ihm vom preußischen König am Morgen persönlich verliehene Eiserne Kreuz am Talar trägt, tritt nach vorn und gibt den obligatorischen Befehl: »Helm ab zum Gebet!« Anschließend beten alle zusammen den für diesen Tag so passenden Psalm 21: »Herr, der König freuet sich in deiner Kraft, und wie fröhlich ist er über deine Hilfe!« Rogge beginnt danach mit seiner Predigt, die »Demut« als zentrales Motiv hat. Er verwendet dabei die preußisch-hohenzollerische Geschichte als theologische Erzählung, deren Höhepunkt das aktuelle Geschehen in Versailles sei. Dies unterstreicht er mit Psalm 126,3: »Der Herr hat Großes an uns gethan, deß sind wir fröhlich.« Im weiteren Verlauf der Predigt kritisiert er Frankreich und stellt Ludwig XIV. als biblischen Nebukadnezar dar, der sich über alle erhoben hat. Dabei deutet er effektvoll auf das mittlere Deckengemälde, das Ludwig XIV. über den Nachbarreichen und nahe am olympischen Himmel zeigt. Dann fährt der königliche Hofprediger mit der feierlichen Liturgie fort, die schließlich mit einem donnernden »Nun danket alle Gott« beschlossen wird.

Nun kehrt Ruhe ein. Wilhelm I. steht erhobenen Hauptes im Spiegelsaal von Versailles, um die Erneuerung der Kaiserwürde zu verkünden. Dabei steht er genau an der Stelle, an der früher der Thron der französischen Könige stand. Für die Repräsentanten der deutschen Mittel- und Kleinstaaten hält Wilhelm eine kurze Ansprache. Mehr soll es nicht sein. Bismarck will nicht, dass das neue Kaisertum sich in die Tradition der römisch-deutschen Kaiser stellt. Wilhelm ist ebenfalls dagegen. Denn er versteht sich zuallererst als preußischer König. Der Kaisertitel ist ihm im Grunde seines Herzens zuwider. Für das Volk und die Nachwelt hält Wilhelm daher keine Krönung, sondern eine Proklamation, die als Kaiserproklamation in die Geschichte eingehen wird.

Nun tritt Bismarck aus der Mitte der Fürsten an die Treppenstufen der Erhöhung und vollzieht tonlos und ohne jede Emotion die Kaiserproklamation und damit die Einheit Deutschlands sowie die Gründung des neuen Deutschen Reiches. Anschließend tritt Großherzog Friedrich von Baden nach vorn und bittet Wilhelm, seinen Schwiegervater, ein Hoch auf ihn aussprechen zu dürfen. Wilhelm gewährt ihm den Wunsch, woraufhin der Großherzog der gespannt wartenden Versammlung im Spiegelsaal die Worte entgegenschmettert: »Seine Kaiserliche und Königliche Majestät, Kaiser Wilhelm, lebe hoch!« Dieser Ausruf ist von größter Bedeutung, denn der Großherzog umgeht damit die Problematik des Kaisertitels –

war Wilhelm I. nun »Kaiser von Deutschland«, »Kaiser der Deutschen« oder »Deutscher Kaiser«?

Wilhelm bevorzugt – wenn überhaupt – den Titel »Kaiser von Deutschland«. Dies könnte ihm aber als Anspruch auf die deutschsprachigen Gebiete Österreichs ausgelegt werden – und dies will Bismarck mit dem Titel »Deutscher Kaiser« vermeiden.

Nach diesem Ausruf erschallt sechsmal ein donnerndes Hoch der Anwesenden. Gleich danach – die Fahnen und Standarten der deutschen Fürstentümer wehen über dem Haupt des neuen Kaisers – stimmen die Anwesenden das »Heil Dir im Siegerkranz« an, das die Funktion einer Nationalhymne im Kaiserreich übernehmen wird. Kronprinz Friedrich Wilhelm von Preußen schreibt darüber in sein Tagebuch: »Dieser Augenblick war mächtig ergreifend, ja überwältigend und nahm sich wunderbar schön aus. Ich beugte ein Knie vor dem Kaiser und küsste ihm die Hand, worauf er mich aufhob und mit tiefer Bewegung umarmte.«

Danach schreitet Kaiser Wilhelm I. von der Erhöhung zu den Fürsten und Politikern hinab und schüttelt ihre Hände, wobei er Bismarck vollständig übergeht. Noch am Tag zuvor hatte er dem Ministerpräsidenten mitteilen lassen, dass er den Tag der Kaiserproklamation als den traurigsten Tag seines Leben empfinden werde. Bismarck sei dafür verantwortlich.

Ein Telegramm trägt die Kunde von der Kaiserproklamation in die Welt hinaus. Es sorgt für einen Tag des Jubels und Dankes. Doch nicht alle Deutschen stimmen in diesen Jubel ein. Der katholische Prinz Otto von Bayern beispielsweise empfindet den symbolischen Gründungsakt als fremdartig. Im Nachhinein schreibt er seinem Bruder, König Ludwig II. von Bayern: »Ach Ludwig, ich kann Dir gar nicht beschreiben, wie unendlich weh und schmerzlich es mir während jener Zeremonie zumute war [...]. Alles so kalt, so stolz, so glänzend, so prunkend und großtuerisch und herzlos und leer [...]. Mir war's so eng und schal in diesem Saale.«

# +++ Die Reichsgründung 1871 +++

Die Frage nach der Einheit Deutschlands zieht sich gewissermaßen durch die gesamte deutsche Geschichte. Bis 1806 hatte das Alte Reich Bestand, das weit mehr als den deutschsprachigen Raum umfasste. Es verstand sich selbst nie als ein einheitliches, deutsches Reich, denn die Idee eines Nationalstaates ist jünger als das Reich im Mittelalter. Daher setzte sich das Streben nach einer vereinten deutschen Nation nach 1806 fort und bestimmte weite Teile des 19. Jahrhunderts.

# Auf dem Weg zur deutschen Einheit

Anders als der Zentralstaat Frankreich mit Paris als Hauptstadt, Regierungssitz und Mittelpunkt des kulturellen und wirtschaftlichen Lebens war der geografische Raum, den man als »Deutschland« bezeichnet, schon immer unter verschiedenen Landesherren aufgeteilt. Demnach bestand Deutschland bereits im Mittelalter aus unterschiedlichen Ländern und Regionen mit verschiedenen Zentren der Macht, Politik, Kultur und Gesellschaft. Im Mittelalter wechselte das Zentrum des Reiches zudem mit den Dynastien und Herrschern, die an der Macht waren. Oft musste der Kaiser der Hausmacht eines verbündeten Fürsten vertrauen und kam ohnehin nur durch Wahl der Kurfürsten an die Macht.

Dabei waren die mittelalterlichen Kaiser nie, wie es oft in der populären Vorstellung umschrieben wird, die absoluten Herrscher eines geeinten Reiches, die machtvoll einen Zentralstaat verwalteten wie einst die römischen Kaiser der Antike. Die Kaiser des Mittelalters waren auf ihre Vasallen angewiesen, die oftmals eine stärkere Hausmacht besaßen als sie selbst. Die ohnehin nicht besonders ausgeprägte Zentralgewalt des Kaisers zerfiel im Spätmittelalter zusehends, während die Macht der deutschen Fürsten, vor allem die der Kurfürsten, stetig zunahm und die »Vielstaaterei« in Deutschland unterstrich.

Dabei entwickelte sich die deutsche Kleinstaaterei. Bald glich die Landkarte Mitteleuropas einem Flickenteppich aus Hunderten weltlichen und geistlichen Besitztümern, die alle geografisch zu Deutschland zu zählen sind. Ursache hierfür waren die Erbfolgeregelungen in den einzelnen deutschen Kleinstaaten. Nach dem Tod eines Fürsten wurde das Land nicht selten unter allen erbberechtigten Nachfahren aufgeteilt. Diese Erbteilung stand in der Tradition der Merowinger und Karolinger, die ihre Reiche nach dem Tod des Königs unter den Nachkommen aufteilten.

Die Primogenitur, das Erbrecht des Erstgeborenen, der daraufhin seine Geschwister ausbezahlte, wurde erst 1356 in der Goldenen Bulle für die Kurfürstentümer festgeschrieben. In den übrigen deutschen Ländern ging die Zersplitterung jedoch weiter. Dadurch entstanden Gebilde, deren Territorium nicht mehr zusammenhing, sondern aus weit auseinanderliegenden Teilgebieten bestand. Napoleon führte schließlich 1806 den Zusammenbruch des Alten Reiches herbei und initiierte eine Flurbereinigung auf dem deutschen Gebiet, bei der die meisten geistlichen Gebiete und Freien Reichsstädte an die umliegenden Herrschaftsbereiche angeschlossen wurden. Dennoch blieb der deutsche Flickenteppich bestehen, wenn auch etwas »aufgeräumter«. An dem französischen Besatzer rieben sich die deutschen Fürsten. Progressive Kräfte waren zudem begeistert von der Idee eines geeinten, starken Nationalstaates – nicht zuletzt vor dem Hintergrund der Erwartung, dass Napoleon gemeinsam besiegt werden konnte.

Die Diskussion um den Nationalstaat bestimmte die deutsche Politik des 19. Jahrhunderts in hohem Maße. Hinzu kam die Forderung nach Demokratie, Bürgerrechten und einer Verfassung. Diese Forderung breitete sich vom deutschen Südwesten zunehmend aus und erfasste bald ganz Deutschland. Schließlich mündeten sie in die Märzrevolution von 1848, mit der ein demokratischer Nationalstaat und eine Verfassung für Deutschland geschaffen werden sollten. Die Kleinstaaterei sollte ein Ende haben.

Innerhalb dieses Prozesses wurde auch die Frage laut, was denn überhaupt »deutsch« sei. Gleiches Blut? Gleiche Sprache? Gleiche Kultur? In diesem Zusammenhang ist auch der Text der ersten Strophe des Deutschlandliedes zu verstehen. »Deutschland, Deutschland über alles« stellte Deutschland nicht über die anderen Nationen, sondern richtete sich direkt an die deutschen Fürsten. Das Lied forderte sie auf, ihre lokalen Ränkespiele zu überwinden und ausschließlich im Sinne der deutschen Einheit zu handeln. Deutschland sollte über allen deutschen Ländern stehen und die Einheit der Nation das vornehmliche Ziel sein.

Das Ziel der Einheit der Nation wurde am 18. Januar 1871 in Versailles verwirklicht. Im Deutschen Kaiserreich blieben die Kleinstaaten als Bundesgenossen bestehen und bildeten die Basis dessen, was heute die deutschen Bundesländer sind.

## Deutschland unter preußischer Vormacht

Das Deutsche Kaiserreich wurde unter der Vorherrschaft Preußens gegründet, der preußische König wurde in Personalunion deutscher Kaiser. Spätestens ab 1871 war Preußen der mächtigste deutsche Staat. Einige Zeitgenossen sprachen davon, dass Deutschland in dieser Zeit preußisch wurde und nicht Preußen in Deutschland aufging.

Verglichen mit Österreich war Preußen verhältnismäßig jung. Zwar ging es direkt auf das alte Kurfürstentum Brandenburg zurück und spielte auch schon im Mittelalter eine Rolle, das Königreich Preußen als solches war jedoch ein junger Staat. Als Preußen bezeichnete man ursprünglich nur das eigentliche Herzogtum Preußen, das etwa dem heutigen Ostpreußen entspricht. Um sich mit dem Herzog von Sachsen gleichzustellen, der in Personalunion König von Polen war, krönte sich Kurfürst Friedrich III. von Brandenburg am 18. Januar 1701 zum König in Preußen. Doch Preußen wurde in dieser Zeit von seinen Nachbarländern nicht als eigenständige Großmacht ernst genommen. Erst sein Enkel Friedrich II., der Große, schaffte es durch seine Eroberungen und die erste polnische Teilung von 1772, dass das ehemalige Herzogtum Preußen nun vollständig zu Brandenburg-Preußen gehörte. Daher konnte er sich nun auch als »König von Preußen« bezeichnen. Danach wurde die Bezeichnung Königreich Preußen zunehmend auf den gesamten brandenburgischen Staat ausgeweitet. Zunächst sprach man von Brandenburg-Preußen, bald aber nur noch von Preußen.

Im Siebenjährigen Krieg (1756–63), der auf mehreren Kontinenten ausgetragen wurde, schaffte es Preußen zudem, sich gemeinsam mit England gegen das Bündnis aus Österreich, Russland und Frankreich durchzusetzen. Nach Kriegsende war Preußen als Großmacht nicht mehr von der europäischen Landkarte wegzudenken. Der bereits mit den beiden Schlesischen Kriegen (1740–42 und 1744/45) beginnende Dualismus zwischen Österreich und Preußen innerhalb des Reiches wurde durch den Siebenjährigen Krieg verschärft und bestimmte die innerdeutsche Politik letztlich, bis sich Preußen 1866 gegen Österreich durchsetzen konnte.

Nach Österreich war Preußen das flächenmäßig zweitgrößte Land in Deutschland, was seine Großmachtansprüche unterstrich. Doch der preußische Staat lag weit entfernt von der freien Reichsstadt Frankfurt am Main, wo seit dem Mittelalter die Königswahl der Kurfürsten stattfand. Preußens Kernland lag weit im Nordosten des Deutschen Bundes, doch erstreckte es sich durch seine Besitztümer in Westfalen über weite Teile Norddeutschlands bis hin zum Rhein.

## Deutschland ohne Österreich

Der dominierende deutsche Staat war jahrhundertelang das von den Habsburgern beherrschte Österreich gewesen. Bis zur Niederlage im Krieg gegen Preußen 1866 behauptete es seine Vormachtstellung im Deutschen Bund. Auf dem Wiener Kongress 1815 wurde Österreich der Vorsitz des neu gegründeten Deutschen Bundes übertragen.

Doch der wachsende Gegensatz zu Preußen führte zum sogenannten deutschen Dualismus. Vor allem nach der Revolution von 1848/49 verschärfte sich der Widerspruch zwischen den beiden Mächten. Sie rangen um die Vormachtstellung in Deutschland. Die in der Frankfurter Paulskirche tagende Nationalversammlung debattierte darüber, wie die Einheit Deutschlands aussehen könnte. Diskutiert wurde eine sogenannte großdeutsche Lösung, die eine Aufnahme des Kaisertums Österreich mit seinen slawischen Gebieten in den geplanten Nationalstaat vorsah, und eine kleindeutsche Lösung unter Ausschluss Österreichs. In der kleindeutschen Lösung würde Preußen die führende Rolle spielen. Die Revolution von 1848 scheiterte genauso wie die Nationalversammlung in der Paulskirche. Die Frage, welche Gebiete Deutschland umfassen sollte, blieb zunächst unbeantwortet. Die Einheit schien in weite Ferne gerückt.

Nach der Revolution traten die Gegensätze zwischen Österreich und Preußen im Deutschen Bund deutlicher hervor als je. 1850/51 verhinderte Preußen den Beitritt Österreichs mit seinem

# Die Habsburger

Die Habsburger waren in Österreich seit der Wahl Rudolfs I. zum römisch-deutschen König im Jahr 1273 das alles beherrschende Adelsgeschlecht und blieben es die nächsten Jahrhunderte. Die Habsburger hatten ihren Ursprung in der deutschsprachigen Schweiz, wo die Habsburg, ihr Stammsitz, im heutigen Kanton Aarau steht. Später erhielten die Habsburger durch die Belehnung mit den Herzogtümern Österreich und Steiermark eine erhebliche Hausmacht, die sie durch Gebietserwerbungen in Richtung Osten ausbauen konnten. Den Verlust der habsburgischen Besitzungen in der Schweiz, als die Alten Eidgenossen sich gegen die Habsburger wandten, konnte das mächtige Adelsgeschlecht verkraften. Allerdings verloren sie nach und nach ihren Einfluss am Rhein, konnten dafür aber ihr Machtzentrum in den Ostalpen festigen.

Eine weitere Niederlage musste das Haus Habsburg hinnehmen, als der römisch-deutsche Kaiser Karl IV., König von Böhmen aus dem Hause der Luxemburger, sie in der Goldenen Bulle, einer frühen Reichsverfassung, welche die Wahl des Königs durch die sieben Kurfürsten regelte, nicht berücksichtigte.

Gekränkt und scheinbar entmachtet ersann Herzog Rudolf IV. daher im Jahr 1358 den Titel des »Erzherzogs«, der für die Habsburger charakteristisch werden sollte. Die Vorsilbe »Erz-« sollte dabei auf eine höhere Stellung des »Erzherzogs« gegenüber den anderen Herzögen des Reiches hindeuten – ähnlich wie die Erzbischöfe über den Bischöfen stehen. Zudem ließ Rudolf IV. zur Sichtbarmachung seines usurpierten Ranges den Erzherzogshut anfertigen, der fortan – ähnlich einer Königskrone – von der Herrscher-linie getragen wurde.

Kaiser Karl IV. erkannte ihn allerdings nicht an. Erst Kaiser Friedrich III. aus dem Hause Habsburg führte seit 1453 den Titel Erzherzog von Österreich, da er kraft seines Amtes keinen Widerspruch hinnehmen musste.

Seit der Wahl Albrechts II. zum deutschen König und römisch-deutschen

Kaiser im Jahr 1438 stellten die Habsburger mit einer Ausnahme – dem Wittelsbacher Karl VII. (reg. 1742–45) – alle Kaiser des Alten Reiches bis 1806. Sie unterstrichen damit ihre Vormachtstellung unter den deutschen Fürsten. Sprichwörtlich wurde die Heiratspolitik der Habsburger, mit der sie ihre Macht stärkten und ausbauten: »Bella gerunt allii, tu, felix Austria, nube!« (Kriege mögen andere führen, Du, glückliches Österreich, heirate!) Zu den habsburgischen Kaisern gehörten Maximilian I. (reg. 1508–19) und sein Enkel Karl V. (reg. 1519–56). Letzterer war König von Spanien und beherrschte dank der spanischen Eroberungen in Südamerika ein Weltreich, »in dem die Sonne nicht unterging«. Die spanische Linie der Habsburger erlosch im Jahr 1700.

Das Ende des Heiligen Römischen Reiches Deutscher Nation im Jahr 1806 als Folge der napoleonischen Kriege bedeutete auch, dass die Habsburger die Kaiserwürde des Alten Reiches ablegen mussten. Das Heilige Römische Reich war damit Vergangenheit. Die Machtverhältnisse in Europa änderten sich. Bereits zwei Jahre zuvor hatte der letzte römisch-deutsche Kaiser Franz II. das österreichische Erbkaisertum proklamiert. Als österreichischer Kaiser Franz I. wollte er zumindest die Ranggleichheit mit Napoleon I. bewahren, der sich in Frankreich im gleichen Jahr selbst zum Kaiser gekrönt hatte.

Die habsburgische Krone wurde nun zur offiziellen österreichischen Kaiserkrone. Die österreichischen Kaiser ließen sich fortan allerdings nicht mehr krönen. Lediglich nach der Umwandlung der Monarchie im Jahr 1867 unter Kaiser Franz Joseph zur österreichisch-ungarischen Doppelmonarchie wurden die österreichischen Kaiser zu ungarischen Königen gekrönt. Nach dem Selbstmord von Kronprinz Rudolf bestimmte Kaiser Franz Joseph seinen Neffen Franz Ferdinand zum Thronfolger. Das Attentat von Sarajewo löste den Ersten Weltkrieg aus, der das Ende der habsburgischen Monarchie brachte.

gesamten Staatsgebiet, also auch jenen Gebieten, in denen keine Deutschen lebten. Einen weiteren Rückschlag erlebte Österreich 1859, als Preußen unter Berufung auf die Bundesakte verhinderte, dass Österreich im Krieg gegen Frankreich vom Deutschen Bund militärisch unterstützt wurde. Weiter rieben sich die beiden Mächte an einer Reform des Deutschen Bundes. Österreich wollte die Zentralgewalt unter seinem Vorsitz ausbauen und einen größeren Einfluss Preußens verhindern, während Preußen darauf drängte, dass der Bundesvorsitz zwischen beiden Mächten aufgeteilt werden würde.

Gemeinsam kämpften beide Mächte noch einmal im Deutsch-Dänischen Krieg und annektierten die Herzogtümer Schleswig und Holstein. Während Preußen auf die Annexion beider Herzogtümer drängte, schloss Österreich deren Souveränität nicht aus. Preußen schickte daraufhin Truppen in das von Österreich verwaltete Holstein, was zu einem Eklat im Deutschen Bund in Frankfurt führte. Österreich und die Fürsten der kleineren deutschen Staaten waren über das Vorgehen Preußens mehr als empört. Sie wollten dem Alleingang Preußens Einhalt gebieten und so die Ordnung des Deutschen Bundes wiederherstellen.

Der Eklat zog die Mobilisierung der Bundestruppen auf Antrag Österreichs nach sich. In der Folge erklärte Preußen am 14. Juni 1866 seinen Austritt aus dem Deutschen Bund und kündigte die Gründung des Norddeutschen Bundes unter seinem Vorsitz an. Es kam nun zum Krieg zwischen Preußen und dem Deutschen Bund, der von Österreich angeführt wurde. Die Schlacht am 3. Juli 1866 bei Königgrätz in Böhmen brachte die Entscheidung zugunsten Preußens. Während die anderen deutschen Fürstentümer 1871 auf preußischer Seite standen und mit dem Königreich zum Deutschen Reich zusammengeführt wurden, steht Königgrätz für das Streichen Österreichs von der politischen Landkarte Deutschlands.

# +++ Kleinstaaterei und Einigung des Reiches +++

Die innere Struktur im Deutschen Bund wird gemeinhin abwertend als Kleinstaaterei bezeichnet. Deutschland glich einem Flickenteppich mit Enklaven und teilweise nicht zusammenhängenden Gebieten. 1803 kam es daher im Reichsdeputationshauptschluss zur größten territorialen Umstrukturierung der deutschen Geschichte. Die Reichsstädte wurden aufgelöst und geistliche Fürstentümer weltlichen Herrschaftsgebieten angegliedert. Doch auch das führte nicht zur Einheit. Die Bevölkerung sehnte sich nach der Einheit der Nation, die jedoch auch die Revolution von 1848 nicht verwirklichen konnte.

# Deutschland in der Zeit der Restauration

Im Jahr 1806 zerfiel das Heilige Römische Reich Deutscher Nation. Die Habsburger, die seit Jahrhunderten den Kaiser stellten, retteten ihre Krone zumindest in das neu ausgerufene Kaiserreich Österreich. Nachdem Napoleon in der Schlacht von Waterloo 1814 endgültig besiegt worden war, fanden sich die europäischen Fürsten auf dem Wiener Kongress ein, um eine Neuordnung der Machtverhältnisse in Europa herbeizuführen. Sie gaben das Ziel aus, einen dauerhaften Frieden in Europa und ein Gleichgewicht zwischen den Mächten herzustellen.

Dem neu gegründeten Deutschen Bund traten 39 souveräne Fürsten bei. Unter ihnen waren auch die Könige von England, Dänemark und der Niederlande, denen deutsche Territorien gehörten. Der Wunsch der Bevölkerung nach einem einheitlichen deutschen Staat wurde dabei nicht berücksichtigt. Der Deutsche Bund blieb ein lose zusammengesetzter Staatenbund und stellte die wenigsten Deutschen zufrieden.

Doch mit der Restauration – der Wiederherstellung der alten Machtverhältnisse in Deutschland und Europa durch die Beschlüsse des Wiener Kongresses – wuchs auch die Opposition in den deutschen Ländern. Vor allem die Bevölkerung jener Gebiete im Südwesten, die für mehrere Jahre Frankreich angeschlossen gewesen waren, forderten die Einführung von Bürgerrechten, die sie von den Franzosen empfangen hatten. Liberal und national gesinnte Studenten, Intellektuelle, Politiker und Revolutionäre auf der einen und die konservativ-restaurativen Kräfte unter Führung des österreichischen Staatsmannes und Politikers Klemens Wenzel Fürst von Metternich auf der anderen Seite stellten den Deutschen Bund vor eine Zerreißprobe.

## Die Befreiungskriege

Aus der Französischen Revolution war Napoleon Bonaparte hervorgegangen, der sich schließlich selbst zum Kaiser krönte und Europa mit Kriegen überzog. Napoleon wird von der Geschichtswissenschaft einerseits als Krieg führender Diktator interpretiert, andererseits verabschiedete er im März 1804 den Code civil, der bald Code Napoléon genannt wurde, und gilt somit als fortschrittlicher Staatsmann. Mit dem Code civil erließ er ein umfassendes Werk zum Zivilrecht, das bestimmte Bürgerrechte gewährte. Dieser Bürgerrechtskatalog galt auch in den deutschen Gebieten, die Napoleon erobert hatte. Dort war der Code civil bis zum Beginn des 20. Jahrhunderts als »Rheinisches Recht« bekannt. Er garantierte die Gleichheit aller Bürger vor dem Gesetz, die Freiheit des Einzelnen, den Schutz des Privateigentums, die Trennung von Staat und Kirche, die Gewerbefreiheit, er schaffte die Zünfte ab und schuf eine Basis für eine freie Marktwirtschaft. Diese Gesetze waren für die Deutschen in den von Frankreich eroberten Gebieten neu, unterschieden sie sich doch stark vom fürstlichen Absolutismus.

Obwohl Napoleon diese Neuerungen gebracht hatte, erhob sich Unmut unter der deutschen Bevölkerung in den eroberten Gebieten. Den deutschen Ländern am Rhein kam dabei eine Schlüsselrolle zu. Hungersnöte und Armut verbreiteten sich. Die Menschen hatten teilweise nur das Nötigste zum Überleben. Als die Franzosen nun auch noch Steuern für Napoleons Kriege erhoben, empörte sich die Bevölkerung gegen die französische Herrschaft und lehnte sich gegen die Besatzer auf. In der Abgrenzung zum französischen Kaiser entstand in den verschiedenen deutschen Staaten ein Nationalbewusstsein. Der Code civil war willkommen, die Herrschaft des französischen Kaisers nicht. Die Fürsten in Deutschland fürchteten sich zudem vor dem liberalen Geist des Franzosen und der Forderung nach Verfassungen.

Doch Napoleons Tage waren gezählt. Im Jahr 1813 kam es zu einem Bündnis von Preußen und Russland gegen Napoleon, dem bald auch Österreich beitrat. England, der traditionelle Erbfeind Frankreichs, schloss sich dieser Koalition ebenfalls an. Gemeinsam bereiteten sie Napoleon 1813 in der Völkerschlacht von Leipzig eine herbe Niederlage. Die Koalitionstruppen marschierten in Frankreich ein und besetzten Paris. Napoleon wurde 1814 nach der Niederlage von Waterloo auf die Insel St. Helena im Atlantik verbannt.

In der Folge ordneten die siegreichen Fürsten Europa neu. Doch viele Neuerungen der napoleonischen Zeit waren nicht mehr rückgängig zu machen. Das nationale und liberale Gedankengut der Französischen Revolution, der Wunsch nach einem demokratischen Nationalstaat, hielt Einzug in das deutsche Bürgertum. Zudem war der nationale Gedanke durch den Kampf gegen den gemeinsamen Gegner vielerorts deutlich gestärkt worden.

## Der Wiener Kongress

Napoleon war vertrieben und hinterließ ein chaotisches Europa, in das er die Ideen des Code civil gepflanzt hatte. Daher waren nun die alten Mächte in der Pflicht, und sie versuchten ihre Macht zurückzubekommen. Unter Leitung des österreichischen Staatskanzlers Klemens Wenzel Fürst von Metternich fand daher vom 18. September 1814 bis zum 9. Juni 1815 in Wien der sogenannte Wiener Kongress statt. Fürsten, Herrscher und Staatsmänner aller europäischen Staaten trafen sich, um über eine Neuordnung des europäischen Kontinents nach den napoleonischen Kriegen zu beraten. Am Kongress nahmen Delegationen und Monarchen aus über zweihundert Staaten teil. Der Wiener Hof und der Hochadel vertrieben den Gästen die Zeit mit zahlreichen Festen und Feierlichkeiten. Die eigentlichen Verhandlungen führten jedoch nur die Siegermächte der Allianz gegen Napoleon: England, Russland, Preußen und Österreich.

Der Wiener Kongress war vor allem durch das selbstbewusste Auftreten Metternichs von Österreich dominiert, doch auch England und Russland übten durch ihre Delegierten starken Einfluss aus. Preußen war durch König Friedrich Wilhelm III., Staatskanzler Karl August Fürst von Hardenberg und Wilhelm von Humboldt vertreten.

Für eine Neuordnung Europas hatte man sich verschiedene Ziele gesetzt. In erster Linie sollten die vorrevolutionäre politische Ordnung wiederhergestellt und die territorialen Neuordnungen Napoleons revidiert werden. Diese Restauration sollte vor allem unter dem Gesichtspunkt des Gleichgewichts der Kräfte stattfinden. Die europäischen Fürsten forderten eine Zeit des Friedens.

Nie wieder sollte eine Revolution Europa dergestalt erschüttern, wie es die Französische Revolution getan hatte, und nie wieder sollte ein Kriegsherr wie Napoleon Europa in ein Schlachtfeld verwandeln.

Im Laufe des Wiener Kongresses wurden die Grenzen Frankreichs auf den Stand von 1789 zurückgeführt. Darüber hinaus gab es ernste Diskussionen um den Osten Europas. Russland beanspruchte auf Kosten Preußens die vollständige Herrschaft über Polen. Preußen wiederum forderte als Entschädigung Teile Sachsen, da der Kurfürst von Sachsen auf der Seite Napoleons gestanden hatte; es erhielt schließlich dessen nördlichen Teil. Als Ausgleich bekam Preußen zudem Westfalen, das Rheinland und Schwedisch-Pommern, das Rügen, Stralsund und sein Hinterland umfasste. Österreich verzichtete auf Vorderösterreich, seine früheren Besitztümer am Oberrhein und in den Niederlanden, sicherte sich jedoch mit dem Lombardo-Venezianischen Königreich die Vormachtstellung in Italien. Darüber hinaus schuf der Wiener Kongress den Deutschen Bund – unter österreichischem Vorsitz.

Liberale und nationale Strömungen widersetzten sich vor allem in Deutschland der restaurativen Politik des Systems Metternich. Der österreichische Staatskanzler verfolgte folgende Ziele: die Festigung der monarchischen Legitimität, sodass ein Usurpator wie Napoleon nicht wieder die Macht in einem europäischen Staat ergreifen konnte, und die Wahrung der monarchischen Solidarität zur Aufrechterhaltung der Stabilität in Europa. Die Fürsten sollten gemeinsam gegen revolutionäre Bestrebungen vorgehen, Frieden untereinander halten und so ein Gleichgewicht der Kräfte in Europa herstellen.

Zar Alexander I. schlug die Bildung einer »Heiligen Allianz« vor, der zunächst Kaiser Franz II. von Österreich, der preußische König Friedrich Wilhelm III. und der Zar beitraten. Sie sollte sowohl in den einzelnen Ländern als auch in ganz Europa für Stabilität sorgen und gründete auf der Auffassung vom Gottesgnadentum der bestehenden Herrschaften. Das Bündnis sollte die monarchische Ordnung aufrechterhalten. 1818 trat zunächst Frankreich bei, später folgten alle europäischen Staaten außer dem Kirchenstaat, dem Osmanischen Reich und Großbritannien. Der englische König lehnte einen Beitritt ab, weil die Heilige Allianz sich nur zu abstrakten Grundsätzen bekannte und keine realen außenpolitischen Verpflichtungen und Verträge beinhaltete. In Deutschland waren viele vom Wiener Kongress enttäuscht. Vor allem die Hoffnung auf einen Nationalstaat erfüllte sich nicht. Stattdessen schuf der Wiener Kongress mit dem Deutschen Bund einen losen Staatenbund.

## Der Deutsche Bund

Der von den deutschen Fürsten am 8. Juni 1815 gegründete Deutsche Bund war ein loser Zusammenschluss von 39 deutschen Einzelstaaten, ein Staatenbund also. Preußen und Österreich gehörten mit jenen ihrer Gebiete, die schon zum Reich gehört hatten, dem Bund an. Der Deutsche Bund bestand bis 1866 als loser Staatenbund ohne zentrale Exekutivgewalt. Er verstand sich zudem als ein unauflösbares militärisches Defensivbündnis. In Rechts-, Wirtschafts-, Finanz- und Verkehrsfragen bestand keine Einigkeit, ebenso wenig in Maßeinheiten, Währungen und Gewichten. Das erschwerte vor allem den innerdeutschen Handel. Die Rheinschiffer zum Beispiel mussten mehr als fünfzig Zollstationen durchlaufen. Das führte nicht nur zu zeitlichen Verzögerungen, sondern brachte auch enorme Kosten mit sich, welche die deutschen Produkte sehr teuer machten.

Unter den 39 souveränen Fürsten waren mit dem König von England, der Hannover regierte, dem dänische König, der Holstein regierte, und dem König der Niederlande auch Herrscher außerhalb des deutschen Sprachraums vertreten. Das gemeinsame Organ war der Bundestag in Frankfurt, der kein Parlament war, sondern eine Versammlung von Abgesandten aus den Einzelstaaten. Der Bundestag stand unter der Führung Österreichs. Liberal oder national getönte Reformen scheiterten meist am Einspruch des österreichischen Staatskanzlers Metternich.

Unruhen erschütterten das Land und kumulierten schließlich in der Revolution von 1848. Die Revolutionäre wollten den Deutschen Bund in einen liberalen Bundesstaat verwandeln und die

Monarchien durch Verfassungen bändigen. Nach anfänglichen Erfolgen der Liberalen wurde die Revolution von den Fürsten blutig unterdrückt. Doch der Deutsche Bund zerbrach nicht an revolutionären Wirren, sondern am immer stärker werdenden Gegensatz zwischen Preußen und Österreich.

Preußen war die aufstrebende Macht im Deutschen Bund und immer weniger bereit, die österreichisch-habsburgische Hegemonie zu akzeptieren. Preußen strebte daher die kleindeutsche Lösung an, um die deutschen Einzelstaaten in einem festen Bund zu einen und Österreich auszuschließen, und forderte für sich die Vorherrschaft in diesem künftigen Staat. Das Ende des Deutschen Bundes markierte der Deutsche Krieg von 1866 zwischen Preußen und seinen Verbündeten einerseits und dem Deutschen Bund – Österreich und seinen Verbündeten – andererseits. Preußens Sieg brachte eine Neuordnung der Machtverhältnisse in Deutschland zuungunsten Österreichs mit sich.

Der Süden Deutschlands stand gewissermaßen zwischen den beiden Mächten und spielte bis zur Reichsgründung eine Sonderrolle. Seit 1815 wurden in Baden, Bayern und Württemberg Verfassungen eingeführt, um die aus vielen unterschiedlichen Territorien zusammengesetzten Gebiete zu stabilisieren. Zudem glaubten die süddeutschen Fürsten durch die Einlösung des Verfassungsversprechens das liberale Bürgertum auf ihrer Seite zu haben.

## Der Vormärz

Als Vormärz wird die Zeit zwischen dem Wiener Kongress und dem Ausbruch der Revolution im März 1848 bezeichnet. Diese Zeit war bestimmt von zwei politischen Lagern. Auf der einen Seite gab es die Fürsten, die im Wiener Kongress Deutschland neu geordnet hatten und die Restauration ihrer alten Machtstellung betrieben. Auf der anderen Seite befanden sich jene, die mit dieser Ordnung unzufrieden waren. Zu ihnen zählten vor allem die Verfechter eines deutschen Einheitsstaates, die Kämpfer für Liberalismus und Demokratie sowie jene, die enttäuscht waren, dass in den deutschen Staaten keine Verfassungen erlassen wurden.

**Der Deutsche Bund**

Deutscher Bund 1815–1866

Ostsee
Danzig
Marienburg
Ost-preußen
Suwalki
N
S
West-preußen
Allenstein
Pommern
Stettin
Weichsel
Bialystok
Bromberg
Bug
KGR. PREUSSEN
Brest-Litowsk
Posen
Warschau
Posen
KAISERREICH RUSSLAND
KGR. POLEN
Radom
Lublin
Breslau
Schlesien
Tschenstochau
Rep. Krakau
Weichsel
Lemberg
Königgrätz
Krakau
Przemysl
Prag
seit 1818 z. Dtsch. Bund
KGR. GALIZIEN UND LODOMERIEN
Dnjestr
Teschen
San
Mähren
Brünn
Waag
Gran
Kaschau
KAISERREICH ÖSTERREICH
Donau
Wien
Preßburg
Debrecen
Raab
Ofen
Theiß
Mur
Graz
KGR. UNGARN
Drau
Fünfkirchen
Save
Laibach
Agram
Krain
Kroatien
Fiume
Belgrad
© Theiss Verlag/Peter Palm

# Liberalismus und Nationalismus

Das frühe 19. Jahrhundert war das Zeitalter des Liberalismus, einer Staats- und Gesellschaftsauffassung, die in geistiger, politischer und wirtschaftlicher Hinsicht für die freie Entfaltung des Individuums gegen staatliche Bevormundung eintrat. Angestoßen wurde die Bewegung in Deutschland vor allem durch die Amerikanische Revolution, die amerikanische Unabhängigkeitserklärung von 1776 und die Französische Revolution 1789.

Der Liberalismus basiert auf der Vertrags- und Naturrechtslehre der Aufklärung und wurde unter anderem von den Staatsphilosophen John Locke, Thomas Hobbes, Charles Baron de Montesquieu und Jean-Jacques Rousseau formuliert. Grundlage dieser Auffassung ist die Selbstständigkeit des Menschen im Denken, Urteilen und Handeln. Nur so kann er frei sein. Hierbei vertraut der Liberalismus auf die Vernunft des Menschen und auf den Glauben an den Fortschritt. Er ist damit ein Gegenentwurf zu den absolutistischen Herrschern, die ihre Legitimation allein von Gott ableiteten.

Die liberalen Ideen trugen im 19. Jahrhundert vor allem das Besitz- und Bildungsbürgertum, eine neue, aufstrebendes Gesellschaftsschicht, die ihrem Vermögen entsprechend Steuern zahlte und politische Mitbestimmung einforderte. Hinzu kam der Wunsch der Liberalen, sich gemäß dem Gedanken freier Entfaltung des Individuums der Bevormundung durch die Fürsten zu entziehen. Damit forderten sie Glaubens- und Meinungsfreiheit, Recht auf Eigentum, Pressefreiheit, Volksbewaffnung, wirtschaftliche Freiheit, Volksvertretung in zwei Kammern und Gewaltenteilung. Die Freiheit des Einzelnen sollte durch einen Rechtsstaat mit entsprechender Verfassung geschützt werden. Hinzu kam die Forderung nach nationaler Einheit, da sich die Vorstellungen des Liberalismus so am besten verwirklichen ließen. Diese Forderung ging einher mit dem Drängen auf eine Verfassung und den Grundrechtskatalog.

Eine zweite gesellschaftliche Strömung des 19. Jahrhunderts war der Nationalismus. Die europäischen Nationalstaaten erlebten ihre größte Machtentfaltung und beherrschten ein zum Teil globales Kolonialreich. Daher regte sich auch in Deutschland der Wunsch nach einem Nationalstaat, der mit den anderen Mächten gleichziehen konnte. Bis ins 19. Jahrhundert hinein schien die Schaffung eines deutschen Nationalstaates nach französischem Vorbild aussichtslos.

Erst die französische Fremdherrschaft ließ so etwas wie den Keim eines nationalen Bewusstseins entstehen. In der Abwehr Napoleons vermischte sich die Forderung nach Freiheit und Gleichheit mit jener nach nationaler Einheit. Es entstand ein nationaler Freiheitsbegriff im Sinne von Freiheit von Fremdbestimmung. Zu jenen, welche die nationale Idee vertraten, gehörten vor allem Studenten, Professoren und Journalisten. Sie forderten einen deutschen Nationalstaat, der möglichst alle Menschen, die zum deutschen Sprach- und Kulturkreis gehörten, umfassen sollte.

Kaum waren die Beschlüsse des Wiener Kongresses gefasst, protestierte bereits die Opposition aus Liberalen und Intellektuellen in Deutschland gegen die Maßnahmen der Restauration. Vor allem junge Leute, Studenten und Professoren widersetzten sich dem System Metternich. Führend war dabei die erstarkende Burschenschaftsbewegung. Als im Oktober 1817 der 300. Jahrestag der Reformation anstand sowie das Gedenken an die Völkerschlacht bei Leipzig vom 16. bis 19. Oktober 1813, luden die Jenaer Burschenschaften studentische Vertreter aus allen deutschen Universitäten zu einer Feier auf die Wartburg ein. 500 Studenten – etwa ein Achtel der damaligen deutschen Studentenschaft – folgten der Einladung und erschienen auf der Wartburg. Sie kamen aus allen Teilen Deutschlands und sprachen sich nun öffentlich gegen die Reaktion in den deutschen Staaten aus, die der Wiener Kongress heraufbeschworen hatte. Auf dem Wartburgfest wurden zum ersten Mal schwarz-rot-goldene Flaggen als Symbol der deutschen Einigungsbestrebungen geschwenkt, die auf die Farben des Lützower Freikorps aus den Befreiungskriegen zurückgehen. Während und in der Folge des Wartburgfestes inszenierten Studenten mehrere Bücherverbrennungen von Schriften, die von ihnen als reaktionär, antinational oder undeutsch eingestuft wurden. Die Euphorie des Wartburgfestes übertrug sich auf ganz Deutschland. Unter den verbrannten Büchern des Wartburgfestes befand sich auch »Die Geschichte des Deutschen Reiches« von August von Kotzebue, einem Verleger, Politiker und Schriftsteller. Er hatte sich mehrfach öffentlich gegen die Burschenschaften und den von ihnen geforderten Liberalismus ausgesprochen. Zudem verspottete er die Nationalbewegung. Dies motivierte den Jenaer Burschenschaftler und Theologiestudenten Karl Ludwig Sand im März 1819, Kotzebue in seinem Haus in Mannheim zu erdolchen.

Die Restauration nahm diesen politischen Mord zum Anlass für eine Reihe von Beschlüssen, die als Karlsbader Beschlüsse in die Geschichte eingingen. Die Beschlüsse entstanden unter dem Einfluss Metternichs auf einer geheimen Ministerialkonferenz im böhmischen Karlsbad. Die vier Gesetze, also die Exekutionsordnung, das Universitätsgesetz, das Pressegesetz und das Untersuchungsgesetz, beschränkten die öffentliche Meinungsfreiheit, sahen die Überwachung der Universitäten und Burschenschaften sowie die Pressezensur vor und erlaubten Berufsverbote für liberal und national Gesinnte. In der Folge zog sich die Opposition für ein Jahrzehnt ins Privatleben zurück. Kulturell und gesellschaftlich wird diese Zeit des Rückzugs auch als Biedermeier bezeichnet.

Durch die Julirevolution von 1830 in Frankreich lebte der oppositionelle Geist in Deutschland wieder auf. Frankreich wurde einmal mehr zum Symbol der Freiheit. Die Franzosen beendeten die Herrschaft der Bourbonen und damit das fürstliche Gottesgnadentum. Der neue Bürgerkönig Louis Philippe verabschiedete eine liberale Verfassung, was in den Nachbarländern zu Unruhen und Aufständen führte, in denen Deutsche, Belgier, Polen und Italiener ebenfalls Verfassungen forderten. Die freiheitliche Bewegung erhielt europaweit neue Impulse, während die Macht der Monarchen bröckelte.

Nach den freiheitlichen Aufständen im Südwesten Deutschlands schlug König Ludwig I. von Bayern als Landesherr der Pfalz einen reaktionären Kurs ein. Er ließ die Bürgerrechte weiter einschränken. Am 28. Januar 1831 führte er eine verschärfte Pressezensur ein. Das hatte besondere Auswirkungen, da die Region wenige Jahrzehnte zuvor an das napoleonische Frankreich gefallen war und sich durch den fortschrittlichen Code civil eine starke liberale Gesinnung in der Bevölkerung etabliert hatte. Ähnlich wie beim Wartburgfest luden die Wortführer der Pfälzer nun auf das Hambacher Schloss, wo Ende Mai 1832 das Hambacher Fest stattfand, das heute als Höhepunkt des bürgerlich-liberalen Vormärzes gilt.

Wieder reagierte die Restauration mit Härte und ließ die Organisatoren und ihre Hintermänner verfolgen. Die Lage spitzte sich zu. Die Forderung nach Einheit der Nation und Demokratie wurde so laut, dass es 1833 zum Sturm auf die Frankfurter Wache kam, um damit eine Revolution auszulösen. Doch der Versuch scheiterte. Die Kräfte der Restauration konnten die Opposition in Deutschland noch unterdrücken.

## Das Hambacher Fest

Nach den napoleonischen Kriegen fiel die territorial neu umrissene linksrheinische Pfalz durch die Beschlüsse des Wiener Kongresses an Bayern. Da die Bevölkerung der Pfalz besonders unter der restaurativen Politik Bayerns litt, wurden Maßnahmen gegen die Obrigkeit diskutiert. Überall in der Pfalz erhoben sich Stimmen, welche die Gewährung von Bürgerrechten – ähnlich dem Code civil – forderten. Bereits zu Jahresbeginn 1832 wurde von liberalen Denkern die Möglichkeit eines großen Festes diskutiert, das als politische Massenveranstaltung wirken sollte.

Den Anstoß zum Hambacher Fest gab schließlich eine Anzeige in der »Neuen Speyerer Zeitung«. Darin wurde vorgeschlagen, am Jahrestag der bayerischen Verfassung ein Fest auf der Hambacher Schlossruine bei Neustadt abzuhalten, um dem bayerischen Herrscherhaus zu huldigen. Liberale Journalisten funktionierten den Aufruf um und riefen für den 27. Mai 1832 auf das Hambacher Schloss, um dort den »Deutschen Mai« zu feiern. Sie riefen die Bevölkerung auf, ihrem Protest gegen Restauration und Zensur Ausdruck zu verleihen. Frauen wurden aufgefordert, auf ihre Unterdrückung hinzuweisen und sich für Gleichberechtigung einzusetzen.

Bereits tags zuvor strömten Liberale und Patrioten zu Tausenden nach Neustadt. Am Folgetag zogen schließlich an die 30 000 Menschen mit vaterländischen und freiheitlichen Gesängen auf die alte Schlossruine, wo politische Reden und Vorträge gehalten wurden. Mit flammender Rhetorik forderten die Redner bürgerliche Freiheiten, das Ende der Zensur und die deutsche Einheit. Dabei sah sich die Veranstaltung im Einklang mit der Forderung nach Demokratie und Freiheit in den Nachbarländern. Die Einheit Deutschlands verstanden die Festteilnehmer als die Errichtung eines Nationalstaates mit einer Verfassung, die Meinungs-, Rede-, Presse-, Versammlungs-, Gewerbe-, Niederlassungs- und Auswanderungsfreiheit garantierte. Auch forderten sie, dass alle Staatsbürger vor dem Gesetz gleich sein sollten.

Das Hambacher Fest war zu diesem Zeitpunkt die bis dahin größte politische Veranstaltung der Liberalen und Demokraten. Die Monarchen waren daher nicht schlecht erzürnt und sahen sich zu einer umfassenden Reaktion genötigt. Preußen und Österreich drängten auf eine Verhaftung und eine Bestrafung der Verantwortlichen des Festes. Ludwig I. ließ die Rädelsführer verhaften und ihnen den Prozess machen. Darüber hinaus konnten beide Mächte beim Bundestag in Frankfurt erreichen, dass die Verfassungen in den deutschen Staaten und der Handlungsspielraum der Landtage eingeschränkt wurden. Es folgte eine weitere Verschärfung der Zensur, ebenso wurden die Farben Schwarz-Rot-Gold verboten, die sich mittlerweile und vor allem durch das Hambacher Fest als Zeichen von Freiheit und Demokratie etabliert hatten.

## Soziale Veränderungen

Seit dem Ende des 18. Jahrhunderts hatten sich die traditionellen Verhältnisse im wirtschaftlichen und sozialen Bereich in Deutschland geändert. Bis dahin war die Wirtschaft durch geringe Mobilität, durch das Übergewicht der Agrarwirtschaft und durch niedrige Produktivität gekennzeichnet. Im Bereich der Agrarwirtschaft trat der Adel als Großgrundbesitzer auf und behinderte damit die gesellschaftliche und wirtschaftliche Freiheit der Bauern und beutete diese aus. Hinzu kamen vor allem in den Städten die alten Zunftordnungen, die den Fortschritt behinderten.

Innovationen in der Medizin und verbesserte Hygienevorschriften bewirkten einen Rückgang von Epidemien. Dies und eine Erhöhung des Lebensstandards sowie eine lange Zeit des Friedens – vom Wiener Kongress bis zu den Einigungskriegen – führten zu einem Bevölkerungswachstum in den deutschen Ländern. Bis 1875 hatte sich die Einwohnerzahl verdoppelt. Das führte zu einer erhöhten Nachfrage nach Versorgungsgütern.

Hinzu kam, dass das Bürgertum im Verlauf des 19. Jahrhunderts zur bestimmenden Gesellschaftsschicht aufstieg. Es forderte die Auflösung der alten Zunftordnungen, eine liberalere Wirtschaftsordnung, Gewerbefreiheit und die Beseitigung von Handels- und Zollschranken. Mit diesen Forderungen traf das Bürgertum bei den Regierungen auf offene Ohren, die sich von deren Umsetzung eine Verbesserung der wirtschaftlichen Situation in

Deutschland und die Deckung der hohen Staatskosten versprachen. Jedoch gingen diese Prozesse in den einzelnen deutschen Staaten in unterschiedlicher Geschwindigkeit und Ausprägung vor sich. Auch die Verkehrswege wurden verbessert, und die Binnenschifffahrt wurde angekurbelt. Ab 1834 wurde mit dem Eisenbahnbau begonnen, der in den nächsten Jahrzehnten zum Rückgrat und Motor der deutschen Wirtschaft wurde.

Die Zahl der Handwerker im ländlichen Bereich und in Gewerbebetrieben stieg an, das Angebot an gewerblichen Produkten vergrößerte sich, was zu Preissenkungen und Konkurrenz führte und die Beschäftigung gering entlohnter Frauen und die Kinderarbeit ansteigen ließ. Durch die Industrialisierung entstand die Arbeiterschaft. Bald griffen soziale Unruhen um sich.

## Deutscher Zollverein

Einen bedeutender Schritt in Richtung Einheit der Nation war die Gründung des Deutschen Zollvereins, der durch den am 22. März 1833 unterzeichneten Zollvereinigungsvertrag am 1. Januar 1834 in Kraft trat. Ein einheitlicher Zollverein war unumgänglich, weil die Zersplitterung Deutschlands enorme wirtschaftliche Probleme nach sich zog. Durch die mehrfache Verzollung deutscher Waren stiegen die Preise für Produkte aus Deutschland, die bald teurer waren als die europäische Konkurrenz. Zudem behinderte der deutsche Flickenteppich die industrielle Revolution.

Zunächst schufen verschiedene deutsche Kleinstaaten unterschiedliche Zollallianzen, um den Binnenmarkt sowie den Markt mit den Nachbarländern zu fördern. Der Deutsche Bund hingegen schaffte es nicht, die wirtschaftlichen Verhältnisse in seinem Gebiet zu vereinheitlichen. Eine Zolleinigung wurde mehrfach diskutiert, ein Beschluss oder gar ein Plan zur Umsetzung blieb jedoch aus. Da im Deutschen Bund mit der Abschaffung der Zölle nicht zu rechnen war, vollzog sich dieser Prozess aus den Einzelstaaten heraus.

Bereits seit 1820 hatte Württemberg die Gründung eines Zollvereins aller deutschen Kleinstaaten angestoßen – ohne Österreich und Preußen. Die süddeutschen Staaten Baden, Bayern,

Hessen-Darmstadt, Württemberg und Hessen-Nassau unterzeichneten am 19. Mai 1820 eine entsprechende Absichtserklärung, um über eine Zollunion zu verhandeln. Bei den Verhandlungen zeigten sich jedoch die unterschiedlichen Interessen, die ein Zusammenkommen aller erschwerten. Württemberg und Bayern forderten hohe Außenzölle, um die Zollunion zu schützen, während die anderen Parteien gerade den Außenhandel fördern wollten. Die Verhandlungen scheiterten schließlich, führten jedoch zu einigen bilateralen Handelsabkommen. Auch nach weiteren Verhandlungen im Jahr 1825 konnte keine Einigung erzielt werden. In der Folge gründete Hessen-Darmstadt mit Preußen den preußisch-hessischen Zollverein. Auch Bayern und Württemberg kamen sich in den Verhandlungen näher und schlossen schließlich im April 1827 einen süddeutschen Zollverein.

Vorstöße anderer Länder mit anderen Konstellationen scheiterten in dieser Phase ebenfalls. Erst nach der Pariser Julirevolution von 1830 kam Bewegung in die Sache. Die Regierungen der einzelnen deutschen Staaten standen unter großem Druck, da in der Folge der Revolution auch in Deutschland zollpolitische Änderungen gefordert wurden.

Preußen schlug nun einen gesamtdeutschen Zollverein vor. Zunächst schlossen sich der hessisch-preußische und der süddeutsche Zollverein zum Deutschen Zollverein zusammen. Am 1. Januar 1834 trat die Zollfreiheit in Kraft. Sachsen, Thüringen, später Baden, Nassau und Oldenburg sowie Frankfurt und Luxemburg schlossen sich in der Folge an; allein Österreich trat nicht bei. So entstand in der Mitte Europas eine Freihandelszone von 30 Millionen Einwohnern. Das Ziel eines Binnenmarktes und die Vereinheitlichung der Zoll- und Steuerbestimmungen war erreicht. Zudem stärkte der Deutsche Zollverein die Vormachtstellung Preußens und die Befürworter einer kleindeutschen Lösung. Der Zollverein führte auch eine Vereinheitlichung der Maßeinheiten herbei.

## Auswanderung aus Deutschland

Nachdem im 17. und 18. Jahrhundert hauptsächlich protestantische Religionsflüchtlinge aus Deutschland ausgewandert waren, verließen im 19. Jahrhundert mehr und mehr Deutsche aus politischen, vor allem aber aus wirtschaftlichen Gründen ihre Heimat, um in Nordamerika, aber auch in Südamerika, Afrika, Australien, Asien und in Teilen Osteuropas ein neues Leben zu beginnen. Die Auswanderung war für viele die einzige Hoffnung auf ein besseres Leben.

Beinahe 90 Prozent der deutschen Auswanderer zog es nach Nordamerika. Das Gleichheitspostulat der Vereinigten Staaten und Berichte von anderen Auswanderern, die es dort zu Vermögen und Ansehen gebracht hatten, lösten in den deutschen Ländern eine regelrechte Auswanderungswelle aus. Die Deutschen strömten nach New York und von dort in den mittleren Westen, hauptsächlich in die Staaten Wisconsin und Ohio, seltener in die sklavenhaltenden Südstaaten mit Ausnahme von Texas. In der New Yorker Lower East Side entstand ab den 1840er-Jahren Little Germany, das erste ethnische Viertel New Yorks, dem andere wie Chinatown und Littly Italy folgten. Bis zum Ersten Weltkrieg siedelten sich etwa 5,5 Millionen Deutsche in den USA an. Insgesamt betrachten sich heute nahezu 60 Millionen US-Amerikaner als Nachfahren deutscher Einwanderer.

Die großen Auswanderungswellen begannen im Vormärz und wurden durch Verordnungen wie die Karlsbader Beschlüsse verstärkt, da sich immer mehr Menschen die neuerlichen Restriktionen des Staates nicht mehr gefallen lassen wollten und daher in Nordamerika, wo sie ihre Vorstellung von persönlicher und politischer Freiheit verwirklicht sahen, ein neues Leben beginnen wollten. Zu Beginn der 1830er-Jahre stieg die Zahl der Auswanderer rapide an. Zunächst wanderten hauptsächlich Deutsche aus dem Südwesten im Familien- oder Freundesverband aus. Ihr Ziel war es, die eigene Lebenssituation zu verbessern. Sie siedelten sich zumeist wieder gemeinsam in Nordamerika an und gründeten ganze Siedlungen. Später waren es zunehmend Menschen aus den industrialisierten Gebieten Deutschlands, die allein – weder im Gruppenverband noch mit der Familie – in die Vereinigten

Staaten auswanderten. Viele planten durch einen zeitweiligen Aufenthalt in Nordamerika so viel Geld zu verdienen, dass sie nach ihrer geplanten Rückkehr in die Heimat ein besseres Leben führen konnten. Doch dieses Vorhaben blieb meist Illusion, denn der Großteil dieser Auswanderer strandete in den Arbeiterghettos der großen Städte Amerikas.

Eine besondere Gruppe Auswanderer waren die Verfolgten der gescheiterten Revolution von 1848/49. Sie bildeten die einzige Immigrantengruppe, die aus rein politischen Gründen in die USA kam. Unter ihnen waren Revolutionäre wie Carl Schurz, Friedrich Hecker und Gustav Struve. Während Schurz und Hecker dauerhaft in den Vereinigten Staaten blieben und Schurz bis zum Innenminister der USA und politischen Wortführer der Deutsch-Amerikaner aufstieg, kehrte Struve in die alte Heimat zurück. Unter den Millionen Auswanderern stellen die politisch motivierten Emigranten jedoch nur eine kleine Gruppe dar. Die Vorstellung, dass die meisten deutschen Einwanderer aufgrund der gescheiterten Revolution in die USA kamen, entstand nur deshalb, weil sich die politischen Flüchtlinge, die sogenannten Achtundvierziger, in den USA schnell bemerkbar machten. Sie engagierten sich in der Politik und gründeten mehrere deutschsprachige Tageszeitungen. Durch ihre politische und publizistische Tätigkeit wurden die Achtundvierziger jedoch zum deutlich sichtbaren Teil der Deutsch-Amerikaner.

Viele Auswanderer fanden in den USA und anderen Teilen der Welt allerdings nicht das, was sie sich erhofft hatten. Sie hingen teilweise in den großen Städten fest, arbeiteten als Dienstboten und mussten mit dem Nötigsten auskommen. Nur für wenige erfüllte sich der Traum vom besseren Leben.

Die Reichsgründung hatte auch ihren Einfluss auf die Auswanderung. Noch im Jahr 1871 riss der Einwandererstrom ab. Der wirtschaftliche Aufschwung hielt viele Auswanderungswillige in der Heimat. Weltweit wurde die Gründung des Deutschen Reiches von Deutschen gefeiert, viele dachten sogar an Rückkehr. Die nachgeholte Industrialisierung führte schließlich dazu, dass ab 1893 nur noch vergleichsweise wenige Deutsche auswanderten.

# Das Lied der Deutschen

Das Lied der Deutschen, häufig auch Deutschlandlied genannt, wurde von August Heinrich Hoffmann von Fallersleben am 26. August 1841 auf der Insel Helgoland gedichtet, die damals Besitz der britischen Krone war. Die Melodie stammt aus Joseph Haydns »Kaiserquartett« von 1797, der späteren Kaiserhymne »Gott erhalte Franz den Kaiser«. Das Lied wurde von der nationalen und liberalen Einheitsbewegung des 19. Jahrhunderts bereitwillig aufgenommen, weshalb es Friedrich Ebert, der erste Reichspräsident der Weimarer Republik, 1922 zur Nationalhymne erklärte. Von 1933 bis 1945 wurde nur noch die erste Strophe als Nationalhymne gesungen. 1952 wurde die dritte Strophe des Deutschlandliedes zur Nationalhymne der Bundesrepublik, 1991 zu der des vereinten Deutschlands.

Hoffmann von Fallersleben dichtete das Lied vor dem Hintergrund der Rheinkrise 1841, als Frankreich den Rhein als seine natürliche Ostgrenze beanspruchte, wodurch viele deutschsprachige Gebiete an Frankreich gefallen wären. Er drückte dabei die Sehnsucht nach einem geeinten, starken Deutschland aus, das den französischen Bestrebungen entgegentreten könnte. Dabei ist von großer Bedeutung, dass Hoffmann von Fallersleben von »Schutz und Trutze« spricht und nicht von einer Aggression gegen Frankreich, wie die französische Übersetzung von »Trutz« mit »attaquer« nahelegt. Die Zeile »Deutschland, Deutschland über alles« fordert im Sinne des Rufs nach nationaler Einheit dazu auf, die Einheit der Nation über die Bedürfnisse der einzelnen deutschen Staaten zu stellen.

In der ersten Strophe wird das Gebiet »Deutschland« durch den Vers »Von der Maas bis an die Memel von der Etsch bis an den Belt« geografisch umrissen. Heute liegen alle vier Gewässer klar außerhalb der Grenzen Deutschlands. Im 19. Jahrhundert jedoch, als die Frage diskutiert wurde, wer einem vereinten Deutschland angehören sollte, lagen sie an den Grenzen des Deutschen Bundes.

Die Maas durchfloss im Westen das Herzogtum Limburg, die Etsch lag vollständig im damaligen Österreich, und die Memel bildete die äußerste Grenze Preußens im Osten. Die Meerenge des Belt lag in Dänemark nördlich der Grenzen des Herzogtums Schleswig. Diese Einteilung ergab sich für Hoffmann von Fallersleben, weil die deutsche Sprachgrenze und damit die Grenze der deutschen Kulturnation fließend war. Er vermied es, auf das damals heikle Thema Elsass-Lothringen und damit die Abgrenzung zu Frankreich sowie die Frage der slawischen, ungarischen und rumänischen Landesteile in der Habsburgermonarchie einzugehen.

Der Dichter konnte im August 1841 noch nicht wissen, wie bekannt sein Lied werden würde. Er weilte auf Helgoland, wo ihn sein Hamburger Verleger Julius Campe besuchte und ihm das Lied für vier französische Goldmünzen abkaufte. Campe brachte es mit der Melodie von Haydn zusammen und stellte es Hoffmann von Fallersleben am 4. September vor. Zur Uraufführung kam es einen Monat später, als der badische Politiker Carl Theodor Welcker, ein Vertreter des Liberalismus, in einem Hotel am Hamburger Jungfernstieg übernachtete. Ihm zu Ehren sang ein kleiner Chor mit einer Kapelle der Hamburger Bürgerwehr am 5. Oktober 1841 zum ersten Mal das Deutschlandlied.

Schnell wurde das Lied der Deutschen populär. Und obwohl Campe seine ersten Drucke mit dem Hinweis »Text ist Eigentum des Verlegers« versah, erreichte es bald eine derartige Beliebtheit, dass es vielfach kopiert und abgedruckt wurde.

# Revolution und Nationalversammlung

Ausgelöst von der Februarrevolution 1848 in Frankreich bekamen die revolutionären Tendenzen auch in Deutschland neue Impulse. In den meisten deutschen Staaten kam es zu Umsturzversuchen und Straßenkämpfen. Die Forderungen der Opposition hatten sich in den letzten Jahren nicht geändert, doch nun im Anblick der Revolution schienen die Fürsten bereit, auf die Forderungen einzugehen. Die Revolutionäre forderten die Einheit der Nation, die Einführung von Verfassungen sowie demokratische Wahlen und Freiheit für jedermann.

Um die Forderungen in die Tat umzusetzen, trat in der Frankfurter Paulskirche eine Nationalversammlung zusammen, die über die Zukunft eines deutschen Staates beraten sollte. Die Nationalversammlung diskutierte darüber, ob das Staatsgebiet eine »kleindeutsche« oder »großdeutsche« Lösung umfassen sollte. Doch an der Vielzahl der Entscheidungen, der unterschiedlichsten politischen Ideen und der wiedererstarkten Fürsten scheiterte die Nationalversammlung schließlich und löste sich letztlich auf, während die Fürsten wieder an Macht gewannen.

## Das Bürgertum

Das 19. Jahrhundert war das Jahrhundert des Bürgertums. Die Gesellschaft befand sich durch die Aufhebung der alten Zunftordnungen im Wandel, und das Bürgertum rückte als Rückgrat der Wirtschaft an die Stelle der alten Zünfte. Vor allem das Großbürgertum trieb den industriellen und technischen Fortschritt voran. Das Kleinbürgertum umfasste Handwerker, Händler und niedere Beamte und bildete den neuen Mittelstand, der zwischen der Arbeiterschaft und dem Großbürgertum stand.

Neue Unternehmen wurden gegründet, und es entstand ein neues Verständnis für privates Unternehmertum. Dabei wurde das Bürgertum zur treibenden Kraft in Deutschland. Aus ihm heraus entstanden neue Organisationsformen, Berufsverbände und Interessengruppen. Für das Bürgertum wurde die Unantastbarkeit des Individuums zur Grundlage einer neuen Staatsidee. Der Einzelne sollte sich nach seinem Willen frei entfalten können. Dies forderte eine Kultur der Individualität, die, mit zunehmender Frustration durch den Verlust des politischen Einflusses, zu einem Rückzug des Bürgertums in die Privatwirtschaft führte, wie beispielsweise in der Zeit des Biedermeiers.

Nach der gescheiterten Revolution von 1848 gab das Bürgertum seinen Reform- und Revolutionswillen zugunsten wirtschaftlicher Vorteile auf. So ließ die bürgerliche Elite von ihrer ursprünglichen politischen Grundüberzeugung, selbst politischer Träger des Staates zu werden, vor allem aus ökonomischen Gründen ab. Das Bürgertum fügte sich in die bestehende Herrschaftsordnung ein.

Die Reichsgründung schwächte das Bürgertum zusätzlich, da die deutschen Monarchen dessen Forderung nach nationaler Einheit »von oben« erfüllt hatten, mit Blut-und-Eisen-Politik im Sinne Bismarcks. Politisch waren die Nationalliberalen und Linksliberalen bei den ersten Reichstagswahlen 1871 mit zusammen 39,4 Prozent noch die stärkste politische Strömung. Jedoch unterlag der Liberalismus einem Verfallsprozess und verlor seine beherrschende Stellung. Bei den letzten Reichstagswahlen im Kaiserreich kamen beide Parteien zusammen nur noch auf 25,9 Prozent der Wählerstimmen.

## Die Revolution von 1848/49

Der Schlesische Weberaufstand von 1844 und die Hungersnot 1846/47 lassen sich aus dem Rückblick als Vorboten der Revolution deuten. Nach der Februarrevolution 1848 in Frankreich sprang der Funke bald nach Deutschland über. Ähnlich wie nach der Julirevolution von 1830 entstanden nun Unruhen in der Bevölkerung jener Staaten, die an Frankreich grenzten.

Die Restauration und das System Metternich standen dem Wunsch der Bevölkerung nach Meinungsfreiheit, größeren politischen Mitwirkungsrechten und Abschaffung der Kleinstaaterei entgegen. Krisen, Arbeitslosigkeit und Hungersnöte trugen zur wachsenden Unzufriedenheit bei. Die Industrialisierung sorgte zudem für soziale Missstände unter Bauern, Handwerkern und in der entstehenden Arbeiterschaft. Unzufrieden war auch das liberale Bürgertum, das sich an die Spitze der Bewegung stellte.

Die Revolution nahm ihren Ausgang im Südwesten Deutschlands, wo die bürgerlich-liberalen, zunehmend aber auch radikalen Kräfte lautstark nach demokratischen Prinzipien riefen. An erster Stelle stand Baden, wo am 27. Februar eine Volksversammlung Presse- und Vereinsfreiheit, Volksbewaffnung und die Einführung eines deutschen Parlaments forderte. Bald folgten ähnliche Versammlungen in Württemberg, in der bayerischen Pfalz und in anderen süddeutschen Staaten. Sie alle schlossen sich den badischen Forderungen an.

Was in Süddeutschland begann, griff bald in ganz Deutschland um sich. Schnell kam die Revolution in Gang. Am 13. März 1848 kam es zu heftigen Unruhen in Wien. Wenige Tage später, am 18. März, folgten die ersten Unruhen in Berlin. Die Ereignisse überschlugen sich, und Deutschland befand sich im März 1848 mitten in einer Revolution liberaler und nationaler Kräfte, die zu Volksversammlungen und Demonstrationen aufriefen. Sie formulierten die sogenannten Märzforderungen und richteten sie an die deutschen Fürsten. Die Märzforderungen beinhalteten: Pressefreiheit und die Einführung von Schwurgerichten, Volksbewaffnung und die Einrichtung eines nationalen Parlaments.

Die Fürsten versuchten auf Zeit zu spielen und die Bevölkerung mit der Berufung liberaler Minister zu beruhigen, den sogenannten Märzministerien. Doch die Lage eskalierte, und die Revolutionäre gaben sich mit der Geste der Fürsten nicht zufrieden. In der österreichischen Hauptstadt Wien kam es zu offenen Auseinandersetzungen zwischen Aufständischen und Regierungstruppen. Die Lage beruhigte sich erst, als Kaiser Ferdinand dem Volk eine Verfassung versprach. Auch in Berlin demonstrierten die Menschen auf der Straße, wobei es mehrfach zu blutigen Zusammenstößen mit dem Militär kam. Der preußische König Friedrich Wilhelm IV. hob unter dem Druck der Bevölkerung schließlich die Zensur auf, die durch die Karlsbader Beschlüsse eingeführt worden war, und berief eine Nationalversammlung für Preußen ein. Er demonstrierte weiterhin Geschlossenheit mit dem Volk, indem er mit schwarz-rot-goldener Binde durch Berlin ritt und »seinen

Berlinern« versprach, dass Preußen fortan in Deutschland aufgehen werde.

In allen deutschen Ländern kam es im März 1848 zu großen Aufstandsbewegungen. Die größte und bekannteste von ihnen entlud sich in Baden. Auch die Regierung in Karlsruhe versuchte den Unruhen mit der Berufung liberaler Minister zu begegnen. Doch die radikalen Demokraten ließen sich dadurch nicht besänftigen und blieben bei ihren Forderungen. Schließlich geboten Regierungstruppen den badischen Revolutionären im April 1848 Einhalt. Auch die neuerlichen Aufstände im Folgejahr wurden von den Armeen der Fürsten niedergehalten. Unter den Preußen, die den badischen Aufstand 1849 vollständig niederschlugen, befand sich auch Prinz Wilhelm, der spätere deutsche Kaiser, der sich hier den Beinamen »Kartätschenprinz« erwarb.

Verglichen mit Frankreich veränderte die Revolution von 1848/49 die deutschen Verhältnisse kaum. Das hatte mehrere Gründe. So waren die sozialen Unterschiede in Deutschland nicht so stark wie in Frankreich zutage getreten. Zudem lebte die Mehrheit der Bevölkerung auf dem Lande, während sich die Revolution in den Städten abspielte. Schließlich verlangte das Bürgertum, Träger von liberalen und nationalen Ideen, nach Reformen und nicht nach einer Revolution. Während der Ereignisse der Jahre 1848/49 paktierte es mit den konservativen Kräften gegen die Radikalen, die zwar eine Revolution wollten, aber nicht verwirklichen konnten.

## Das revolutionäre Geschehen in Berlin

Von Interesse im Hinblick auf die Reichsgründung sind vor allem die Ereignisse in Berlin. Seit dem 6. März 1848 war es wiederholt zu Unruhen in der Stadt gekommen. Daher willigte König Friedrich Wilhelm IV. ein, den revolutionären Forderungen mit einigen Zugeständnissen zu begegnen, um der Bewegung den Wind aus den Segeln zu nehmen. So ließ er am 18. März auf einer Großkundgebung auf dem Schlossplatz in Berlin seine Maßnahmen vorlesen. Er wollte den preußischen Landtag einberufen, Pressefreiheit gewähren, Zollbestimmungen beseitigen und Reformvorschläge im Deutschen Bund einbringen. Während der Versammlung jedoch lösten sich zwei Schüsse aus den Gewehren des preußischen Militärs und verursachten eine allgemeine Panik. Die aufgebrachten Bürger bewaffneten sich, stellten Barrikaden auf und verwickelten die preußischen Truppen in verheerende Straßenkämpfe. Die Unruhen forderten nahezu 300 Todesopfer.

Am nächsten Tag ließ König Friedrich Wilhelm IV. die preußischen Truppen abziehen. Er hatte die Wut seiner Untertanen über die politischen Zustände in Preußen unterschätzt. Nun versuchte er, die Gemüter dadurch zu beruhigen, dass er den toten Revolutionären seine Referenz erwies. Die meisten »Märzgefallenen« waren im Schlosshof aufgebahrt. Friedrich Wilhelm begab sich am Nachmittag dorthin und verbeugte sich vor den Toten. Er richtete sich zudem mit versöhnlichen Worten an die Bevölkerung, um weitere Ausschreitungen zu vermeiden. Mit der Rede »An meine lieben Berliner« vom 19. März unterstrich er ausdrücklich die Einberufung des preußischen Landtages als sein Zugeständnis an die Bevölkerung. Das sei sein »Pfand der treuen Gesinnung«. Zudem versuchte er auswärtige Unruhestifter für die Vorfälle verantwortlich zu machen, was von der Bevölkerung spöttisch zurückgewiesen wurde.

Friedrich Wilhelm IV. ließ dieser Rede eine zweite folgen: »An mein Volk und die deutsche Nation«. Darin versprach er, dass Preußen fortan in Deutschland aufgehen werde. Damit stellte er sich in die Tradition seines Vaters Friedrich Wilhelm III., der 35 Jahre zuvor das preußische Volk zum Kampf gegen Napoleon aufgerufen hatte. Er stellte in seiner Rede die Möglichkeit einer Verfassung in Aussicht, ohne jedoch konkret zu werden, und konnte so Teile der Bevölkerung beruhigen. Auch sprach er davon, dass er die »alten deutschen Farben« annehmen werde, und zeigte sich am 22. März mit schwarz-rot-goldener Armbinde, als die »Märzgefallenen« schließlich nach einer feierlichen Prozession auf dem »Friedhof der Märzgefallenen« beerdigt wurden, der noch heute diesen Namen trägt. Friedrich Wilhelm IV. soll danach an seinen Bruder, den späteren Kaiser Wilhelm I., geschrieben haben, dass er nun zwar die Farben der Revolution angelegt habe, diese aber so schnell wie möglich wieder ablegen werde.

## Österreich in der Revolution

Bevor es in der preußischen Hauptstadt zu revolutionären Unruhen kam, wurde die österreichische Kapitale von Aufständen ergriffen. Auch Österreich erlitt einen strengen Winter mit Hungersnöten in weiten Teilen der Bevölkerung. Hinzu kamen im Vielvölkerstaat Unruhen und Nationalbewegungen der »nicht deutschen« Teile des Habsburgerreiches wie Böhmen und Mähren, Ungarn und Kroatien, Venedig und Transsylvanien, das damals zu Ungarn gehörte, die ihren Unmut über die kaiserliche Regierung zum Ausdruck brachten. Angesteckt von den Märzereignissen in Südwestdeutschland entwickelte sich am 13. März 1848 in Wien ein Zug, der Kaiser Ferdinand eine Petition zum Erlass einer Verfassung überbringen wollte, zu einem revolutionären Selbstläufer. Die Situation auf den Straßen eskalierte, es gab erste Todesopfer. Am Abend floh der mittlerweile 74-jährige Staatskanzler Metternich, der für viele Demonstranten als Symbol der verhassten Restauration galt und seine restaurative Politik in Österreich besonders hart und gründlich verfolgt hatte, aus der Stadt nach England.

In Wien hatte die Arbeiterschaft aus den Vorstädten wegen der schweren sozialen Missstände, unter denen sie zu leiden hatte, ein besonders starkes revolutionäres Bewusstsein entwickelt. Gleichzeitig verschärften sich die nationalen Bestrebungen der nicht deutschen Völker innerhalb des Vielvölkerstaates. Bürgertum und Arbeiter sowie Italiener, Tschechen und Ungarn waren die Protagonisten der Revolution.

Um die Menge zu beruhigen, reagierte Kaiser Ferdinand am nächsten Tag und machte erste Zugeständnisse an die Revolutionäre. Die Zensur wurde aufgehoben und die Bildung einer Nationalgarde zugesagt. Tags darauf versprach er eine Verfassung und Pressefreiheit. Es folgten chaotische Tage und Wochen in Wien, in denen sich Kaiser Ferdinand als zögerlich und unentschlossen erwies. Am 17. März bildete sich eine neue Regierung, die eine Verfassung für Österreich, die sogenannte Pillersdorfsche Verfassung, benannt nach Innenminister Franz von Pillersdorf, ausarbeitete. Sie wurde am 25. April 1848 verkündet und beinhaltete ein Zweikammersystem, bestehend aus einem Senat und einem Abgeordnetenhaus, galt jedoch nur für Österreich und weder für das Königreich Ungarn noch für die anderen Gebiete. Ungarn war deshalb ausgenommen, weil der ungarische Reichstag bereits am 11. April 31 Gesetzesartikel beschlossen hatte, welche die ungarische Selbstständigkeit sowie weitgehende Reformen beinhalteten und als Verfassung anerkannt worden waren. Kaiser Ferdinand wollte weitere Aufstände vermeiden und erkannte deshalb die 31 Gesetzesartikel als Verfassung an.

Die Pillersdorfsche Verfassung sah jedoch weiterhin eine starke und unantastbare Stellung des Kaisers vor. Der Senat bestand aus allen volljährigen Prinzen des Kaiserhauses, Großgrundbesitzern sowie aus vom Kaiser ernannten Mitgliedern und war demzufolge vom Kaiser dominiert. Lediglich die Abgeordnetenkammer bestand aus Volksvertretern, wenngleich Teile der Arbeiterschaft, Dienstboten und sozial Schwache von der Wahl ausgeschlossen waren. Die 383 Abgeordneten wurden durch indirekte Wahl von Männern gewählt, die mindestens 24 Jahre alt waren. Dennoch blieb der Kaiser der zentrale Träger aller Staatsgewalten. Ihm oblag die oberste Entscheidungsgewalt bei der Gesetzgebung und in der Gerichtsbarkeit. Er war unantastbar und niemandem verantwortlich.

Die Verfassung entsprach in keiner Weise den Forderungen der Revolutionäre. Vor allem empörte man sich über die geringe bis nicht vorhandene politische Mitbestimmung der Arbeiterschaft. Dies führte jedoch im Mai zu neuerlichen Unruhen, sodass die Verfassung durch eine kaiserliche Proklamation am 16. Mai für provisorisch erklärt und schließlich im Juli zurückgenommen wurde.

Gleichzeitig brachen unter den verschiedenen Völkern der Donaumonarchie nationale Aufstände aus. Den Prager Pfingstaufstand warf Feldmarschall Alfred Fürst zu Windischgrätz blutig nieder. In Oberitalien rief Venedig die Republik aus, doch auch hier gelang es österreichischen Truppen, den Aufstand niederzuringen, während der Aufstand der Ungarn erst 1849 mit russischer Hilfe beendet werden konnte.

Im Oktober 1848 kam es zur dritten Phase der Revolution, in der es Bürgerlichen, Intellektuellen und Arbeitern gelang, die

Hauptstadt unter ihre Kontrolle zu bringen. Der kaiserliche Hof musste aus der Stadt fliehen. Konterrevolutionären Truppen aus Kroatien und Böhmen unter Führung von Feldmarschall Windischgrätz gelang es abermals, die Revolutionäre niederzuschlagen. Nach einer Woche blutiger Kämpfe nahmen die kaiserlichen Truppen Wien wieder ein. Zweitausend Revolutionäre waren dabei ums Leben gekommen, weitere Aufständische wurden zum Tode verurteilt, unter ihnen Robert Blum, ein Mitglied der Frankfurter Nationalversammlung, der eigentlich parlamentarische Immunität genoss. Er wurde am 9. November 1848 hingerichtet.

Damit war in Österreich die Revolution beendet. Kaiser Ferdinand dankte zugunsten seines Neffen Franz ab, der fortan unter dem Namen Franz Joseph über Österreich herrschte und sich in die Tradition seines Urgroßonkels Joseph II. stellte. Joseph II. verstand seine Herrschaft als einen Dienst am Staat. Von ihm stammte der Spruch: »Alles für das Volk, aber nichts durch das Volk«. Mit dem Ende der Revolution und der Flucht Metternichs war auch die Restauration Geschichte. Jedoch verschärfte die Regierung Schwarzenberg die Zensur und ging noch rigoroser als Metternich gegen politische Gegner vor. Nur die Armee konnte den Staat vor der nationalen und demokratischen Bewegung retten. Die blutige Niederschlagung der einzelnen Revolutionen blieb im Gedächtnis der Völker der Donaumonarchie. Deren Integration wurde zum Hauptproblem Österreichs.

## Das Paulskirchenparlament

Die Revolutionäre hatten es eingefordert, und bereits am 5. März 1848 trafen sich reformwillige Politiker einzelner Landtage aus Süddeutschland in Heidelberg und beschlossen die Gründung eines Vorparlaments, das Wahlen zu einer verfassungsgebenden Nationalversammlung in die Wege leiten sollte. Das Vorparlament war schnell auf die Beine gestellt. Es tagte vom 31. März bis zum 3. April in Frankfurt am Main und bereitete das spätere Paulskirchenparlament vor, indem es Anfang Mai in allen deutschen Staaten Wahlen für eine Nationalversammlung durchführen ließ.

Diese Wahl wurde jedoch nur in sechs deutschen Staaten direkt durchgeführt, in den anderen wurden Wahlmänner gewählt.

Das Paulskirchenparlament war ein Spiegel der politischen Richtungen in Deutschland: Konservative, Monarchisten, Nationale, Liberale, Republikaner. Übergreifend entstammten die Abgeordneten dem akademischen Milieu oder dem Bildungsbürgertum.

Am 18. Mai 1848 fand die erste Nationalversammlung in der Frankfurter Paulskirche statt. Zum Präsidenten des Parlaments wurde Heinrich von Gagern gewählt, darüber hinaus wurde am selben Tag eine vorläufige Zentralregierung für Deutschland gebildet und unter die Leitung eines Reichsverwesers, des Habsburgers Erzherzog Johann, gestellt. Diese Regierung wurde von den Fürsten zwar anerkannt, hatte aber praktisch keine Machtmittel in der Hand.

Das Paulskirchenparlament sah sich auf dem Weg zu einem deutschen Nationalstaat mit verschiedenen schwierigen Fragen konfrontiert. Zunächst wurden die Grenzen eines möglichen Nationalstaates diskutiert. Wer gehört zu Deutschland und wer nicht? Anfangs wurde die großdeutsche Lösung favorisiert. Da Österreich aber nur unter der Bedingung zum Beitritt bereit war, dass sein gesamtes Territorium aufgenommen wird, schwenkte das Parlament zur kleindeutschen Lösung um, also der Bildung eines deutschen Nationalstaates ohne Österreich. Die Paulskirche gab den Entschluss über den Verbleib Österreichs als Frage nach Wien. Ein großdeutscher Staat sollte einen Habsburger als Kaiser an seiner Spitze haben.

Doch längst war die Gegenrevolution im Gange, und schließlich erteilte der österreichische Ministerpräsident Schwarzenberg der Paulskirche eine Absage – Österreich würde sich für die Vormachtstellung in einem deutschen Nationalstaat nicht spalten lassen.

Auch die künftige Staatsform stand zur Debatte. Sollte Deutschland eine Republik oder eine Monarchie sein? Und wenn eine Monarchie, dann eine Erb- oder eine Wahlmonarchie? Zudem ging es ebenfalls um die Staatsorganisation. Sollte der Nationalstaat mit einer starken Zentralgewalt ausgestattet sein wie

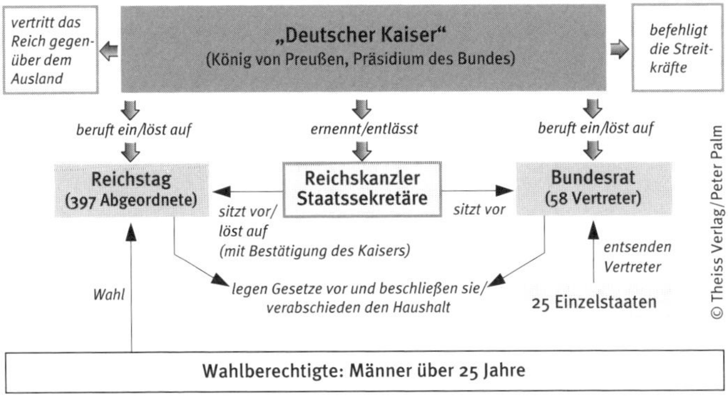


Die Paulskirchenverfassung

Frankreich, oder sollte er föderalistisch organisiert sein? In all diesen Punkten erzielte das Parlament keine wirkliche Einigung.

Häufig wird die Paulskirche dafür kritisiert, dass sie sich monatelang in der Diskussion um einen Grundrechtekatalog verzettelte und wertvolle Zeit verlor. Immerhin erarbeitete die Nationalversammlung bis Weihnachten 1848 eine Deklaration über die »Grundrechte des deutschen Volkes«, die am 27. Dezember verabschiedet wurde. Zum ersten Mal in der deutschen Geschichte wurden damit Menschen- und Freiheitsrechte wie die Gleichheit aller vor dem Gesetz, die Aufhebung der Standesvorteile und das Recht auf Meinungs-, Presse- und Versammlungsfreiheit für alle Bürger erklärt.

Schließlich stellte sich der Paulskirche die Aufgabe, aus den Ergebnissen der Debatten eine Verfassung zu erarbeiten. Am 28. März 1849 wurde die Paulskirchenverfassung verabschiedet, die einen föderalen Bundesstaat mit einer Zentralregierung in Berlin aus Reichstag und erblichem Kaisertum vorsah, das an das preußische Königshaus gehen sollte.

## Das Scheitern von Parlament und Revolution

Nicht alle Revolutionäre wollten einen kompletten Umsturz samt Abschaffung der Monarchie in Deutschland, dennoch ist es eine Ironie der Geschichte, dass nach etwas mehr als einem Jahr nach dem Ausbruch der Märzrevolutionen die Nationalversammlung dem preußischen König Friedrich Wilhelm IV. die Krone eines vereinten Deutschlands anbot. Die Revolution war zu diesem Zeitpunkt längst gescheitert, und Friedrich Wilhelm IV. lehnte das Angebot am 2. April 1849 schlichtweg ab. Der Krone würde der »Ludergeruch der Revolution« anhaften, meinte er. Der Gedanke der Volkssouveränität widersprach direkt Friedrich Wilhelms Vorstellung vom fürstlichen Gottesgnadentum.

Zudem war die Gegenrevolution mittlerweile gefestigt, und Friedrich Wilhelm verstand sich wieder in erster Linie als Preuße und nicht als Deutscher. Er hatte die preußische Nationalversammlung wieder aufgelöst und eine Verfassung durchgesetzt, die seine Machtbefugnisse zum großen Teil in alter Form bestätigte. Der wieder erstarkten Monarchie, die die Macht über das Militär behauptet hatte, standen die Politiker und Idealisten der Paulskirche machtlos gegenüber, da die Nationalversammlung über keine Truppen verfügte. Sie konnten die ausgearbeitete Verfassung daher nicht durchsetzen und mussten preußischem Druck weichen.

Daraufhin zogen die meisten Staaten ihre Abgeordneten aus der Paulskirche ab, was zu neuerlichen Aufständen in vielen deutschen Staaten führte, allen voran in Baden. Von dort waren die revolutionären Ereignisse im Vorjahr ausgegangen. Obwohl der badische Aufstand bereits im Sommer 1848 durch württembergische Truppen niedergeschlagen worden war, flammte der Widerstand nach dem Scheitern der Verfassung im Mai 1849 wieder auf. Die Unruhen führten zur Gründung einer badischen Republik, die allerdings nur wenige Wochen Bestand hatte und im preußischen Kugelhagel endete.

Die Paulskirchenabgeordneten verließen ihren Tagungsort in Frankfurt. Ein kleiner Teil traf sich in der Folge in Stuttgart, dann in Rastatt. Doch die erste deutsche Nationalversammlung war längst gescheitert. Schließlich wurde im Jahr 1850 der Deutsche Bund wiederbelebt.

### Innere Entwicklung in Deutschland nach der Revolution

Anders als in der Epoche nach der Französischen Revolution ist nach den Ereignissen der Jahre 1848/49 keine neue Gesellschaftsordnung entstanden, sondern die alte wiederhergestellt worden. Lediglich in Baden blieb eine stark liberal geprägte Politik bestehen. In den meisten deutschen Staaten ist eine Hinwendung zu einer bürokratisch-staatlichen und aristokratisch-feudalen Politik zu beobachten.

Das durch die gescheiterte Revolution gefestigte Machtgefüge der Fürsten und Monarchen bestimmte das kulturelle, gesellschaftliche und politische Leben der 1850er-Jahre. Das Bürgertum, der eigentliche Träger liberaler Ideen, begann sich ähnlich wie in der Zeit des Biedermeiers von der Politik zurückzuziehen. Die industrielle und technische Entwicklung trat in den Vordergrund. Die Gründung technischer Hochschulen fällt in diese Zeit.

In dieser nachrevolutionären Phase gewannen die kleineren deutschen Staaten an Bedeutung. Sie wurden von den beiden Großmächten Preußen und Österreich umworben, betrieben aber gleichsam zusammen eine Politik der »dritten Kraft« im Deutschen Bund. Vor allem die süddeutschen Staaten fürchteten einen Angriff Frankreichs und wollten beide Großmächte, Preußen wie auch Österreich, hinter sich wissen.

In Preußen vollzog sich ein Wechsel. Aus gesundheitlichen Gründen übergab der kinderlos gebliebene Preußenkönig Friedrich Wilhelm IV. am 8. Oktober 1858 die Regentschaft an seinen Bruder, Prinz Wilhelm. Wilhelm regierte zunächst als Regent, nach dem Tod seines Bruders am 2. Januar 1861 schließlich als König von Preußen.

## Die Reichseinigungskriege

Der preußisch-österreichische Dualismus prägte im Laufe des 19. Jahrhunderts zunehmend die Politik im Deutschen Bund. Beide Mächte kämpften einerseits um die Vorherrschaft in Deutschland und standen dabei jedem Versuch, einen Nationalstaat zu bilden und eine gesamtdeutsche Verfassung zu verabschieden, im Wege. Letztlich schien es beiden Mächten wichtiger, die eigene Machtstellung zu festigen, als sich in den Dienst eines geeinten deutschen Nationalstaates zu stellen.

Der Dualismus zeichnete sich bereits in den Konflikten und Kriegen zwischen dem preußischen König Friedrich II. und Kaiserin Maria Theresia im 18. Jahrhundert ab. Vor allem aber in der Folge der gescheiterten Revolution von 1848 gewann er an Spannung, wobei die heute als Reichseinigungskriege bezeichneten Konflikte wie ein Katalysator auf das Spannungsverhältnis wirkten.

Nach dem Deutschen Krieg stand Preußen als Sieger da, das sich letztlich mit der kleindeutschen Lösung gegen Habsburg und Österreich durchsetzen konnte. Nun war klar, dass es eine deutsche Einheit nur mit einem starken Preußen und ohne Österreich geben würde.

## Der preußische Verfassungskonflikt und der Beginn der Ära Bismarck

Im Jahr 1860 geriet Wilhelm von Preußen, der noch als Prinzregent für seinen Bruder und noch nicht etwa als König von Preußen regierte, in einen Verfassungskonflikt mit dem preußischen Abgeordnetenhaus, das von den Liberalen dominiert war. Mit seinem Kriegsminister Albrecht Graf von Roon plante er eine Reform des preußischen Heeres. Aus Furcht vor weiteren Revolutionen wollte Wilhelm dadurch die Position des preußischen Königshauses stärken und die preußische Armee zu alter Stärke führen, zumal sich die Einwohnerzahl Preußens seit 1815 verdoppelt hatte, während das Heer mit etwa 150 000 Mann immer noch die gleiche Stärke wie 1815 hatte.

Von Roon legte daher einen Plan für die Reorganisation des preußischen Heeres vor. Die 1813 eingeführte preußische Landwehr sollte durch ein modernes, stehendes Heer ersetzt werden. Jährlich sollten 50 Prozent mehr Rekruten eingezogen und die Zahl der Regimenter sollte erhöht werden. Das Friedensheer würde damit eine Zahl von 200 000 Mann erreichen. Die aktive

Dienstzeit der Rekruten sollte darüber hinaus wieder auf drei Jahre angehoben werden, nachdem sie zuvor auf zwei Jahre herabgesetzt worden war. Die Truppen sollten zudem eine bessere Ausbildung erhalten. Die Kosten sollten 9 Millionen Taler pro Jahr betragen.

Das preußische Abgeordnetenhaus musste aber dem Budget für eine solche Reform zustimmen. Die zur Umbildung benötigten finanziellen Mittel wurden zunächst nicht, im Mai 1860 lediglich provisorisch für ein Jahr bewilligt.

Im November 1861 kam es zu Neuwahlen im Abgeordnetenhaus. Nach den Wahlen trennte sich ein Teil der altliberalen Partei ab und gründete die Fortschrittspartei. Sie forderte im Gegensatz zu Wilhelms Absichten, die allgemeine Wehrpflicht auf zwei Jahre zu beschränken und die alte preußische Landwehr beizubehalten. Letztere sollte weder ersetzt noch geschwächt werden. Hintergrund war, die Machtverteilung in Preußen zugunsten des Parlaments und zuungunsten des Königshauses zu verändern. Zu diesem Zweck wollte das Parlament die alte Landwehr hinter sich bringen und so mehr Macht gegenüber dem König erhalten.

Doch nachdem auch das neu gewählte Abgeordnetenhaus keine andere Position einnahm, löste Wilhelm das Parlament im März 1862 abermals auf. Nach den nächsten Wahlen hatte die Fortschrittspartei jedoch eine Zweidrittelmehrheit im Abgeordnetenhaus. Sie forderte nun vehement, die Wehrpflicht wieder auf zwei Jahre zu reduzieren sowie alle durch die Heeresreform entstandenen Regimenter wieder aufzulösen. Zudem war das Parlament bereit, Wilhelm das beantragte Budget vollständig zu verweigern.

Ein Kompromiss schien nicht möglich, zu verhärtet waren die unterschiedlichen Positionen. Wilhelm I., gerade König geworden, dachte an Abdankung und wollte die Regierungsgeschäfte an seinen Sohn Friedrich Wilhelm, den späteren Kaiser Friedrich III., übergeben. Friedrich Wilhelm galt vielen wegen seiner liberalen Haltung als Hoffnungsträger.

In dieser Situation schlug Albrecht Graf von Roon vor, Wilhelm I. solle den preußischen Gesandten in Paris, Otto von Bismarck, zum Ministerpräsidenten berufen. Dieser, ein konservativer Politiker, war für sein Verhandlungsgeschick bekannt. Wilhelm zögerte zunächst, ging dann aber auf den Vorschlag Roons ein und ernannte Bismarck am 22. September 1862 zum preußischen Ministerpräsidenten und Außenminister.

Zunächst versuchte Bismarck als preußischer Ministerpräsident zwischen Parlament und König zu vermitteln. Er tat dies in dem Selbstverständnis, als Diener der Monarchie der Stärkung des Königs verpflichtet zu sein. Dieses Vorgehen war klug berechnet und auf die Mentalität Wilhelms zugeschnitten. Es gab Bismarck die Möglichkeit, sich von vornherein keine Fesseln durch ein vom König entworfenes Programm auferlegen zu lassen. Denn im »Bunde zwischen dem König und seinem Minister«, der über ein Vierteljahrhundert bestehen sollte, ergriff Bismarck vom ersten Moment an die Initiative.

Schließlich löste Bismarck den Konflikt durch die Anwendung der sogenannten Lückentheorie. Der neue preußische Ministerpräsident fragte das Parlament, wie denn ein Patt zwischen König und Abgeordnetenhaus aufzulösen sei? Die preußische Verfassung gab darauf keine Antwort. Sie hinterließ hier eine »Lücke«. Der neue Ministerpräsident schloss daraus, dass in verfassungsrechtlich ungeklärten Fällen derjenige die Machtbefugnis habe, der sich mit militärischen Mitteln durchsetzen könne. In diesem Fall war das der König.

## Der Deutsch-Dänische Krieg 1864

Bereits 1848 hatte Dänemark den Anschluss Schleswigs an sein Staatsgebiet beabsichtigt. Bis dahin war Holstein mit Schleswig Teil des Deutschen Bundes und der dänische König in seiner Funktion als Landesherr Mitglied des Deutschen Bundes. Durch die Ereignisse des Jahres 1848 und die in der Revolution entstandene nationale Aufbruchstimmung avancierte Schleswig-Holstein zu einem nationalen Symbol, an dem die Problematik der Reichseinigung deutlich wurde. In Schleswig und Holstein war die Bevölkerung einerseits mehrheitlich deutsch, andererseits waren beide Länder durch den Vertrag von Ripen aus dem Jahr 1460 mit der dänischen Krone verbunden. Dänemarks Absicht, Schleswig von Deutschland abzutrennen, entfachte einen Aufruhr in der Bevölkerung. Schließlich marschierten im Mai 1848 preußische Truppen im Auftrag des Deutschen Bundes ein und beruhigten die Situation. Auf Drängen Frankreichs, Englands und Russlands handelten die Kriegsparteien einen Waffenstillstand aus. Am 8. Mai 1852 wurde im Londoner Protokoll der Fortbestand der dänischen Herrschaft über die Herzogtümer, aber auch ihre Eigenständigkeit festgeschrieben.

1863 erhielt Dänemark eine neue Verfassung, die Schleswig in den dänischen Gesamtstaat eingliederte. Unterdessen war die deutsche Nationalbewegung aus ihrer Lethargie nach der gescheiterten Revolution erwacht. Die Schleswig-Holstein-Krise förderte das Entstehen von national gesinnten Vereinen, führte zu Versammlungen und Kundgebungen. Die Krise um Schleswig wurde national aufgeladen. Bismarck gelang es auf dem Bundestag, unter Berufung auf das Londoner Protokoll von 1852 die Einbeziehung Österreichs in die Krise und ein Vorgehen gegen Dänemark zu erwirken. Damit hielt er nationale und preußische Interessen, die durchaus bestanden, aus dem Konflikt heraus.

Durch diesen Schachzug war eine Einmischung Englands und anderer Großmächte nicht möglich. Auch Österreich konnte aus dem Konflikt kein Kapital schlagen, da es an der Seite Preußens stand. Beide deutschen Großmächte stellten eine Armee von 70 000 Mann auf und garantierten, dass es sich um ein begrenztes Unternehmen und nicht um einen offenen Krieg handele. Am 16. Januar 1864 stellten sie ein Ultimatum an Dänemark und forderten die Rücknahme der neuen Verfassung, soweit sie sich auf Schleswig bezog. Dänemark lehnte dies im Vertrauen auf Unterstützung durch England und Schweden ab, und der Deutsch-Dänische Krieg begann mit dem Einmarsch österreichischer und preußischer Truppen am 1. Februar 1864.

Nach schnellem Vormarsch kam es am 18. April 1864 zur Schlacht bei den Düppeler Schanzen zwischen Flensburg und Sonderborg, welche die Entscheidung in diesem Krieg brachte. Am 30. Oktober endeten die Kämpfe mit dem Frieden von Wien. Österreich und Preußen übernahmen gemeinsam die Verwaltung der besetzten Gebiete. Doch schon bald zeigte sich, dass die gemeinsame Verwaltung nicht funktionierte. Aufgrund zunehmender Spannungen teilten sich beide Seite mit der Gasteiner Konvention fortan die Besatzung. Preußen erhielt Lauenburg und Schleswig, während Österreich das dazwischen liegende Holstein übernahm. Dänemark musste seinen Anspruch auf die Gebiete aufgeben.

## Das Attentat auf Bismarck

Am 7. Mai 1866 frühmorgens bereitete sich der 22-jährige Student Ferdinand Cohen-Blind auf sein großes Vorhaben vor. Er war der Stiefsohn des badischen Revolutionärs Karl Blind, der nach der gescheiterten Revolution von 1848 mit seiner Familie nach England fliehen musste. Dort wuchs Ferdinand im Einwanderermilieu auf, dem auch Karl Marx und Friedrich Engels angehörten. Von ihren Ideen und Lehren war er beeinflusst. Mit zwanzig Jahren kehrte er nach Deutschland zurück, wo er in Hohenheim bei Stuttgart studierte. Nach dem Ende des Deutsch-Dänischen Krieges befürchtete Cohen-Blind einen Bruderkrieg zwischen Österreich und Preußen. Deutsche sollten nicht gegen Deutsche kämpfen – davon war der glühende Patriot überzeugt.

Der Konflikt hatte sich weiter verschärft, und Cohen-Blind befürchtete, dass bald offene Kämpfe ausbrechen würden. Er selbst sah nur eine Chance, dies zu verhindern: Er musste den Mann beseitigen, der für die meisten Deutschen die treibende Kraft hinter dem Konflikt war – Otto von Bismarck, der für ihn nichts weiter als ein Kriegstreiber war, sollte sterben. In Preußen kämpfte Bismarck für die Macht der Krone gegen die Parlamente und die Demokratie. Er galt als Reaktionär reinsten Wassers. Nach außen hin wollte er die vielen deutschen Staaten unter preußischer Herrschaft vereinen. Viele glaubten, dass er dies nur aus Machtgier und nicht aus Patriotismus tat.

Ferdinand Cohen-Blinds Entschluss reifte, und er entschloss sich, ein Opfer zu bringen. Bismarcks und sein eigenes Leben waren weniger wert als die der vielen Deutschen in Österreich und in Preußen, die bei einem Krieg ihr Leben lassen würden. Daher kaufte er sich eine Pistole und fuhr nach Berlin.

Als Otto von Bismarck am Nachmittag des 7. Mai 1866 von einem Treffen mit König Wilhelm Unter den Linden spazierte, hörte er hinter sich zwei Schüsse, die ihn offenbar verfehlt hatten. Bismarck drehte sich schnell um und trat Ferdinand Cohen-Blind entgegen. Der Ministerpräsident stürzte sich auf den Attentäter und versuchte ihn zu überrumpeln. Dieser drückte zwei weitere Male ab und schien den Ministerpräsident erneut verfehlt zu haben. Bismarck wurde tatsächlich von den Kugeln getroffen, doch seine dicke Kleidung, die er wegen einer starken Erkältung trug, verhinderten, dass die Kugeln ihn schwer oder gar tödlich verletzen konnten. Bismarcks Leibarzt sprach von der Hand Gottes, die den Ministerpräsidenten vor dem Tod bewahrt habe. Bismarck selbst glaubte ebenfalls an eine göttliche Fügung und war nun umso fester entschlossen, die Einheit der Nation herbeizuführen.

Ferdinand Cohen-Blind beging wenige Stunden nach dem Scheitern des Attentats in der Arrestzelle Selbstmord. Er hinterließ einen Abschiedsbrief, in dem er Bismarck als Verräter an Deutschland bezeichnet – eine Einschätzung, die nicht wenige Deutsche teilten, denn einen Bruderkrieg zwischen dem Deutschen Bund unter österreichischer Führung und Preußen wollten die wenigsten.

## Der Deutsche Krieg 1866

Bismarck hatte seit seinem Amtsantritt die Auflösung des Deutschen Bundes und die Schaffung eines kleindeutschen Staates unter preußischer Führung im Auge. Er ließ unter dem Vorwand, Österreich habe die Gasteiner Konvention bewusst gebrochen, im Jahr 1866 Holstein besetzen und erklärte, nachdem der Bundestag die Mobilisierung der nicht preußischen und nicht österreichischen Truppen beschlossen hatte, am 14. Juni 1866 die Verfassung des Deutschen Bundes für aufgehoben. Damit löste Bismarck den Deutschen Krieg zwischen Preußen und Österreich aus.

Eigentlich war der Deutsche Krieg ein Krieg zwischen Preußen und dem Deutschen Bund und wurde daher auch als Preußisch-Deutscher Krieg bezeichnet. Es finden sich aber auch die Bezeichnungen Preußisch-Österreichischer Krieg, Siebenwöchiger Krieg,

# Otto von Bismarck

Otto von Bismarck-Schönhausen wurde am 1. April 1815 in Schönhausen bei Stendal an der Elbe als zweiter Sohn des altmärkischen Junkers Karl Wilhelm Ferdinand von Bismarck und dessen Gattin Luise Wilhelmine geboren. Die Bismarcks waren ein altes Adelsgeschlecht, mütterlicherseits war er bürgerlicher Herkunft. Gelehrte und hohe Beamte waren unter seinen Vorfahren. Bismarck studierte in Göttingen und Berlin Rechtswissenschaften und trat 1836 sein Referendariat an.

Vor allem die instabilen Jahre der Revolution von 1848/49 prägten ihn politisch. Als Mitglied des preußischen Landadels schärften sich in dieser Zeit seine entschiedenen konservativen Ansichten. Bürgerliche Mitbestimmung kam für ihn nicht infrage. Bismarck verteidigte vielmehr die gesonderte Stellung des Adels. Auch in Bezug auf den Dualismus zwischen Österreich und Preußen hatte Bismarck klare Vorstellungen. Er hielt ein stabiles Deutschland nur unter Ausschluss Österreichs und unter preußischer Führung für möglich.

In den 1840er-Jahren war Bismarck mehrfach mit Politikern in Kontakt gekommen und begann nun selbst eine politische Karriere. 1847 wurde er Mitglied des Vereinigten Landtages in Preußen und fiel in dem liberalen Gremium schnell durch seine konservativen Reden auf. Von 1851 an war er Vertreter Preußens im Bundestag in Frankfurt. Ab 1859 folgten mehrere Jahre als Gesandter in Russland und Frankreich. Bismarcks große Stunde schlug jedoch 1862, als König Wilhelm mit dem Parlament über die Heeresreform in Preußen stritt und die liberalen Minister durch konservative ersetzte. Bismarck wurde preußischer Ministerpräsident und hielt den König vom Rücktritt ab. Die folgenden Jahre waren vom Kampf zwischen Parlament und Krone beherrscht, den Bismarck erst beilegen konnte, als er mit dem durch die Heeresreform vergrößerten Heer die polnischen Unabhängigkeitsbestrebungen niederschlug.

Durch den äußeren Feind konnte er die innenpolitische Unruhe überwinden.

Bismarcks erklärtes Ziel war fortan die Einigung Deutschlands unter preußischer Führung. Ihm ordnete er sein ganzes Handeln, seine politische Leidenschaft und sein ausgeprägtes diplomatisches Geschick unter. Einen ersten Erfolg verbuchte er 1866 nach dem siegreichen Krieg gegen Österreich, als der Deutsche Bund aufgelöst und der Norddeutsche Bund gegründet wurde. Sein Werk der nationalen Einheit Deutschlands vollbrachte er schließlich mit der Kaiserproklamation 1871, dem Höhepunkt seiner politischen Karriere.

Bismarck wurde dadurch zum Reichskanzler der neuen Nation und begann, sein Lebenswerk zu festigen und zu sichern. Dabei schuf er aus dem Deutschen Kaiserreich einen mächtigen Nationalstaat: Er begründete das Auswärtige Amt, gründete die Reichsbank und schuf eine Reichswährung ein; die Rechtsprechung wurde vereinheitlicht, eine Kranken-, Unfall-, Invaliditäts- und Altersversicherung eingeführt. Innenpolitisch führte Bismarck gestützt auf die Liberalen und gemäßigten Konservativen den Kulturkampf gegen den Einfluss der katholischen Kirche in Preußen. Ab 1878 bemühte er sich zudem um die Bekämpfung der immer stärker werdenden Sozialdemokratie, die er durch das sogenannte Sozialistengesetz zu verbieten suchte. Nach außen hin schuf er ein Bündnissystem, das drei Hauptziele hatte: die Isolation Frankreichs, die Versöhnung mit Österreich und die Bindung an Russland und Großbritannien, falls das Deutsche Reich trotz seiner Bündnisse in einen Krieg gezogen würde.

Seit Kaiser Wilhelm II. 1888 den Thron bestiegen hatte, kam es immer wieder zu Konflikten zwischen dem jungen, gerade 29 Jahre alten Kaiser und dem alternden Bismarck. Sie führten schließlich 1890 zur Entlassung des Reichskanzlers. Acht Jahre später starb Otto von Bismarck am 30. Juli 1898 auf seinem Landsitz Friedrichsruh bei Hamburg.

Deutsch-Deutscher Krieg, Deutsch-Österreichischer Krieg und Deutscher Bruderkrieg – je nach Perspektive des Betrachters.

Aufgrund des internationalen Bündnissystems standen die Aussichten für Preußen auf einen Sieg 1866 besonders günstig. Österreich befand sich in finanziellen und wirtschaftlichen Schwierigkeiten und hatte ein belastetes Verhältnis zu Russland. Großbritannien interessierte sich wenig für den Krieg. Zudem gelang es Bismarck, bei einem Treffen 1865 in Biarritz bei Napoleon III. Hoffnungen auf eine Gebietserweiterung durch das Hinzukommen von Wallonien und Luxemburg zu wecken, falls Preußen den Sieg davontragen würde. Auch Italien konnte Bismarck auf diplomatischem Wege gewinnen, das Venetien beanspruchte, das zu dieser Zeit noch zu Österreich gehörte.

Der Krieg begann mit dem Einmarsch preußischer Truppen am 9. Juni 1866 in Holstein. Daraufhin erwirkte Österreich die Mobilmachung von Bundestruppen. In der Folge kam es zu Gefechten zwischen den preußischen Truppen und den Bundestruppen unter der Führung Österreichs.

Der Krieg wurde am 3. Juli 1866 in der Schlacht von Königgrätz in Böhmen unter der persönlichen Führung des preußischen Königs entschieden. An diesem Tag kämpften über 400 000 deutsche Soldaten gegeneinander, insgesamt 50 000 starben auf beiden Seiten. Mit dieser Schlacht begann das Zeitalter der »modernen Kriegsführung« in Europa. Der Deutsche Krieg brachte ähnliche Neuerungen in der Kriegsführung wie der Amerikanische Bürgerkrieg. Die Eisenbahn spielte zum ersten Mal eine bedeutende militärische Rolle, weil mit ihr schnell Truppen verlegt und Nachschub transportiert werden konnte. Das Bajonett verlor an Bedeutung. Und auch die Technik der Handfeuerwaffen hatte sich in den letzten Jahrzehnten verbessert. Die Schusswaffen waren nun so präzise, dass die alte Form der Kriegsführung durch Feuergefechte, die Jahrzehnte zuvor die napoleonischen Kriege beherrscht hatten, überholt war. Kein Regiment konnte sich mehr einem feindlichen Heer offen in einer Schlacht zeigen, ohne verheerende Verluste hinzunehmen. Stattdessen gewannen Schützengräben immer mehr an Bedeutung.

Nach dem Erfolg von Königgrätz wäre der nächste konsequente militärische Schritt ein direkter Feldzug gegen Wien gewesen, um Österreich vollständig zu besiegen. Wilhelm erwog diesen Schritt zunächst. Doch Bismarck drängte den König zu einem schnellen Verständigungsfrieden, den Wilhelm zunächst ablehnte und damit den Rat seines Ministerpräsidenten ignorierte. Wilhelm wollte Österreich eine empfindliche Niederlage beifügen und dadurch Gebietserweiterungen erzwingen. Er hoffte Preußen auf Mähren, den österreichischen Teil Schlesiens oder Teile Böhmens ausweiten zu können. Bismarck reagierte wütend auf die Pläne des Königs und drohte mit Rücktritt im Falle eines preußischen Vormarsches auf Wien, bis Wilhelm schließlich einlenkte und davon absah, Österreich eine vernichtende militärische Niederlage beizubringen.

Der preußische König folgte nun den Ratschlägen seines Ministerpräsidenten. Wilhelm sollte dem unterlegenen Österreich keine harten Friedensbedingungen diktieren, sondern es zur Versöhnung bewegen. Bismarck wollte damit bereits zu Kriegszeiten die Aussöhnung mit Österreich vorbereiten, denn in seiner Vorstellung brauchte ein ausgeglichenes Europa ein starkes Österreich. Mit einem schnellen Friedensschluss wollte er zudem möglichen französischen oder russischen Versuchen zuvorzukommen, aus dem Kriegsgeschehen Profit zu schlagen. Bismarck kam damit tatsächlich einem Plan Napoleon III. zuvor, der alle linksrheinischen Gebiete für Frankreich beanspruchte. Die bislang guten Beziehungen zwischen Preußen und Frankreich verschlechterten sich daher nachhaltig. Am 23. August wurde der Friede von Prag geschlossen, durch den Italien Venetien erhielt, Preußen annektierte Schleswig-Holstein, Hannover, Nassau, Hessen und die Freie Stadt Frankfurt. So konnte es seine Provinzen am Rhein und in Westfalen mit dem Kernland Brandenburg verbinden.

Der Sieg Preußens hatte die Auflösung des Deutschen Bunds zur Folge. An seine Stelle trat am 18. August 1866 der Norddeutsche Bund, der Preußens Vormachtstellung festigte. Er war zunächst ein militärisches Bündnis zum gegenseitigen Schutz, gewann aber mit der Verfassung von 1867 schnell die Form eines föderalen Bundesstaates mit etwa 30 Millionen Menschen. Selbstständig blieben nur die süddeutschen Staaten Bayern, Württemberg und Baden sowie der südliche Teil des Großherzogtums Hessen, Hessen-Darmstadt. Der nördliche Teil, Hessen-Homburg, wurde von Preußen annektiert. Luxemburg und Liechtenstein, zuvor Teil des Deutschen Bundes, schieden aus.

Schnell war die Bedeutung des preußischen Sieges auch den anderen europäischen Mächten klar. In Frankreich fürchtete man sich vor einem starken Preußen an der Ostgrenze des Reiches. Eine weitgehendere Vereinigung der deutschen Länder unter preußischer Führung musste aus dieser Sicht mit allen Mittel verhindert werden.

## Die Emser Depesche

Der Bruderkrieg zwischen Preußen und Österreich hatte die Entscheidung im Deutschen Bund herbeigeführt. Dennoch waren die süddeutschen Staaten noch nicht mit den norddeutschen verbunden, und auf europäischer Bühne war Preußen noch nicht in der Position, in der Bismarck es sehen wollte. Ihm schwebten der Ausbau der preußischen Machtstellung und die Zurückdrängung Frankreichs vor.

Bismarck nutzte daher geschickt die politische Konstellation, dass Prinz Leopold von Hohenzollern-Sigmaringen aus der katholischen Linie des Hauses den spanischen Thron angeboten bekam. Der preußische König war gegen eine Kandidatur seines Verwandten, doch Bismarck unterstützte Prinz Leopold insgeheim. Damit schürte er die alte französische Angst vor einer deutsch-spanischen Umklammerung. Ein derartiges Bündnis würde Frankreichs Stellung und Interessen deutlich gefährden. Die Reaktion Frankreichs war deutlich: Es wehrte sich gegen die Umkreisung durch den Feind, da auch Napoleons Sohn, Napoleon Eugène Louis Bonaparte, der eine spanische Mutter hatte, als Thronfolger infrage kam.

Zudem drohte Napoleon Preußen mit Krieg, falls Leopold seine Kandidatur nicht zurückzieht. Preußen reagierte auf die französische Forderung mit der Aussage, dass die Kandidatur des süddeutschen Prinzen keine preußische Angelegenheit sei. Die

Spannung zwischen Preußen und Frankreich lud sich immer weiter auf. Schließlich verzichtete Prinz Leopold am 12. Juli 1870 aufgrund des diplomatischen Drucks durch Frankreich auf die Kandidatur. Frankreich gab sich damit jedoch noch nicht zufrieden. Es hatte Preußen eine diplomatische Schlappe beigefügt, wollte es nun aber demütigen.

Obwohl die anderen europäischen Mächte die Haltung Frankreichs für überzogen hielten, forderte Napoleon III. einen schriftlichen Verzicht Preußens auf den spanischen Thron, der für alle Zeit gelten sollte. Deshalb sollte der französische Botschafter Vincent Graf Benedetti ein entsprechendes Verlangen an den preußischen König richten, als dieser zur Kur in Bad Ems weilte. Benedetti ersuchte am Morgen des 13. Juli 1870 um eine Audienz bei Wilhelm I., doch der preußische König war auf einem Spaziergang. Daher passte Benedetti Wilhelm auf der Kurpromenade ab und überreichte ihm die Depesche in aller Öffentlichkeit. Dieser für einen Diplomaten völlig unübliche Vorgang war grob unhöflich. Zudem trat Benedetti in einer Art und Weise auf, die der König als beleidigend empfand. Den neuerlichen Forderungen nach einem permanenten Thronverzicht konnte Wilhelm nicht nachkommen und telegrafierte den Inhalt der Depesche an Bismarck, der auf seinen Gütern war. Gleichzeitig ermächtigte er Bismarck, die französischen Forderungen zu veröffentlichen.

Bismarck erkannte in dem Vorfall eine Chance, die diplomatische Niederlage, die Preußen erlitten hatte, in einen Sieg umzuwandeln. Er überarbeitete das Schreiben, kürzte es und formulierte es um. Das französische Ansinnen wurde im Tonfall dergestalt verfälscht und verschärft, dass es den Charakter eines Ultimatums an Preußen hatte. Danach veröffentlichte Bismarck das veränderte Papier, das als Emser Depesche in die Geschichte einging. Die französische Forderung erschien den anderen europäischen Mächten als unzumutbar. Bismarck war sich bewusst, dass er damit Frankreich weiter provozierte. Aus den diplomatischen Spannungen konnte so schnell ein bewaffneter Konflikt werden. Doch er wusste Preußen gut vorbereitet und zielte auf eine Kriegserklärung Frankreichs an Preußen. Eine derartige Kriegserklärung würde die süddeutschen Staaten, die geografisch näher an Frankreich lagen und im Krieg von 1866 noch aufseiten Österreichs gegen Preußen zu Feld gezogen waren, auf die Seite Preußens bringen.

## Der Deutsch-Französische Krieg 1870/71

Tatsächlich erklärte Frankreich am 19. Juli 1870 Preußen den Krieg. Dabei unterschätzte Napoleon III. das Zusammengehörigkeitsgefühl in Deutschland, denn die süddeutschen Staaten blieben nicht wie vermutet neutral, sondern folgten den Schutz- und Trutzverträgen mit dem Norddeutschen Bund. Durch die Übernahme der preußischen Militärorganisation, die in den beiden Einigungskriegen zuvor große Erfolge verzeichnet hatte, gewannen die süddeutschen Truppen an Kampfstärke und konnten durch den preußischen Generalstab unter Helmuth Graf von Moltke ohne Reibungsverluste in die preußische Armee integriert werden. Zugleich verlieh dies den Süddeutschen das Gefühl der Gleichwertigkeit und förderte den Willen zur Einheit Deutschlands.

Durch die süddeutschen Truppen war Preußen Frankreich von Anfang an militärisch und zahlenmäßig überlegen. Frankreich verfügte über 200 000 Mann, wobei das Heer insgesamt in desolater Verfassung war, auch waffentechnisch, während die deutsche Truppenstärke sich auf 400 000 belief. Das Ausland verhielt sich nicht zuletzt wegen der französischen Kriegserklärung neutral, beobachtete aber mit Interesse das Aufeinandertreffen zweier großer und in der Vergangenheit erfolgreicher Armeen.

Durch die schnelle Mobilmachung auf deutscher Seite gelang es dem preußischen Generalstab, in die Offensive zu gehen. Preußen zwang Frankreich von Anfang an das eigene Handeln auf. Drei deutsche Armeen marschierten von der Pfalz aus in Frankreich ein. Am 2. August kam es bei Saarbrücken zu einem ersten kleinen Gefecht, das die Franzosen gewannen. Doch in der Folge waren die deutschen Truppen siegreich, und Frankreich musste herbe Niederlagen einstecken. Die Entscheidung des Krieges wurde bereits am 1. September 1870 herbeigeführt. Von sieben Uhr früh bis kurz nach vier Uhr am Nachmittag tobte die Schlacht von

Sedan, zu der Napoleon III. angereist war. Da er bald die Aussichtslosigkeit der Lage erkannte, ergab er sich. Über Nacht wurden die Bedingungen der Kapitulation ausgehandelt und am nächsten Morgen kapitulierte Napoleon III. mit über 80 000 Soldaten vor den Deutschen und begab sich in Gefangenschaft. Der französische Kaiser wurde daraufhin in Kassel interniert.

Nachdem die Nachricht von der Inhaftierung des Kaisers in der französischen Hauptstadt eingetroffen war, kam es dort zu einem Aufstand. Am 4. September bildete sich eine republikanische Regierung. Deren Versuche, mit Preußen Frieden zu schließen, blieben jedoch erfolglos, weil Bismarck die Abtretung Elsass-Lothringens forderte. Die republikanische Regierung stellte ein Volksheer auf, doch die deutschen Truppen rückten unaufhaltsam gegen Paris vor. Zwischen Bismarck und von Moltke brach darüber ein Streit aus. Bismarck drängte auf eine schnelle Beendigung des Krieges, da er fürchtete, dass das Ausland in den Krieg eingreifen könnte, während von Moltke Frankreich militärisch vollständig unterwerfen und dadurch nachhaltig schwächen wollte.

Bismarck konnte sich durchsetzen. Paris ergab sich nach einer längeren Belagerung am 19. Januar 1871. Einen Tag zuvor war Wilhelm I. im Spiegelsaal von Versailles zum Deutschen Kaiser gekrönt und die Gründung des Deutschen Reiches ausgerufen worden. Damit hatte Bismarck sein Ziel erreicht.

Der Friede von Frankfurt am Main, der den Krieg beendete, wurde am 10. Mai 1871 unterzeichnet. Das unterlegene Frankreich musste daraufhin Elsass-Lothringen an das Deutsche Reich abtreten und wurde zu einer Kriegsentschädigung in Höhe von 5 Milliarden Goldfranc verpflichtet. Bismarck verzichtete im Gegenzug auf eine vollständige Schwächung Frankreichs. Er wusste, dass die Abtretung Elsass-Lothringens freundschaftliche Beziehungen zu Frankreich unmöglich machen würde, zumal die Mehrheit der Elsässer bei Frankreich bleiben wollte. Der Krieg hatte die Einheit Deutschlands gebracht und zugleich das Kräfteverhältnis in Europa zuungunsten Frankreichs verschoben.

# +++ Die Gründung des Deutschen Reiches +++

Was die Revolution von 1848/49 nicht geschafft hatte, blieb ein Traum vieler Deutscher: die Einheit der Nation. Seit der Paulskirche hatte sich Österreich mehr und mehr vom Deutschen Bund entfernt, sodass die Frage nach den Grenzen eines Deutschen Reiches in dieser Hinsicht geklärt war. Die Politik Bismarcks führte die Einheit herbei.

## Die süddeutschen Staaten treten dem Norddeutschen Bund bei

Schon während des Deutsch-Französischen Krieges führte Bismarck Verhandlungen mit den süddeutschen Staaten über einen Beitritt zum Norddeutschen Bund. Die siegreiche Schlacht von Sedan am 1. September 1870 und die Gefangennahme Napoleons III. am Folgetag entfachten in Deutschland patriotische Gefühle und unterstützten Bismarcks Bemühungen. Durch den äußeren Feind Frankreich rückten die Deutschen näher zusammen.

Bei der Gründung des Deutschen Reiches spielten weder Parlamente noch Parteien oder gar die Meinung der Öffentlichkeit eine gewichtige Rolle. Allein Bismarck war die handelnde Person. Nicht die Parlamente, sondern »Blut und Eisen« führten die Einheit Deutschlands herbei, wie der Historiker Hagen Schulze anmerkte. Dabei gab der Ministerpräsident den Weg und den Rhythmus dieser Vereinigung vor. Bismarck diktierte ihnen die Voraussetzungen für die Einheit nicht, sondern wollte, dass die süddeutschen Staaten ohne jeden Zwang und freiwillig dem norddeutschen Bund beitraten und so zu einem Teil des Deutschen Reiches werden würden.

Er zeigte sich bereit, auf die süddeutschen Staaten zuzugehen und etwaige Sonderwünsche – vor allem Bayerns – zu akzeptieren. Bayern bekam die Militärhoheit in Friedenszeiten und eine eigene Post- sowie Eisenbahnverwaltung zugesprochen. Bei Verfassungsänderungen erhielten neben Preußen die drei anderen Königreiche – Sachsen, Württemberg und Bayern – zudem ein Vetorecht.

Ein von Bismarck vorgeschlagenes föderatives Verfassungsorgan sollte der unter dem Vorsitz Bayerns stehende Bundesratsausschuss für auswärtige Angelegenheiten werden, dessen Wirksamkeit jedoch die beim Reichskanzler konzentrierte Machtfülle gerade in Fragen der Außenpolitik gegenüberstand, sodass er keine wirkliche Bedeutung gewinnen konnte. In einer geheimen Absprache konnte Bayern erreichen, dass es bei Friedensverhandlungen besonders vertreten war, was als letzter Rest des Anspruchs auf eine eigene Außenpolitik zu werten ist.

Die Verhandlungen mit den einzelnen Staaten führte Bismarck getrennt, um mögliche Widerstände leichter zu überwinden. Dadurch gelang es ihm, vor allem die widerspenstigen Bayern auf seine Seite zu bringen. Nach langwierigen Verhandlungen konnte Bismarck erste Erfolge aufweisen: Mit den sogenannten Novemberverträgen wurde der Beitritt der süddeutschen Staaten besiegelt. Baden und Hessen unterzeichneten ihren Beitritt am 15. November 1870. Die Verträge mit den Königreichen Bayern und Württemberg wurden am 23. und 25. November 1870 unterzeichnet. Die neue Reichsverfassung trat am 1. Januar 1871 in Kraft.

Die Einheit Deutschlands war mit den Novemberverträgen besiegelt. Nun fehlte nur noch eines: Der preußische König sollte die Kaiserwürde erhalten und so die anderen Fürsten unter sich vereinen. Es wurde diskutiert, ob der preußische König den Titel eines »Präsidenten« führen sollte. Doch dies wurde schnell verworfen, da sich die Könige von Bayern und Württemberg lediglich einem »Kaiser« unterordnen wollten. Daher wandte sich Bismarck an den mächtigsten süddeutschen Fürsten, König Ludwig II. von Bayern, der Wilhelm die Kaiserwürde antragen sollte. Doch zunächst weigerte sich Ludwig, hatte er im Deutschen Krieg doch auf der Seite Österreichs gegen Preußen gekämpft und favorisierte immer noch die großdeutsche Lösung. Bismarck wusste vom preußischen Gesandten in Bayern von der Finanznot des Märchenkönigs, der viel Geld in die Errichtung repräsentativer Schlösser steckte. Bismarck bot ihm Geld und stellte Zugeständnisse wie ein eigenes Post- und Fernmeldewesen, eine eigene Eisenbahn sowie in Friedenszeiten ein eigenes Heer in Aussicht, wenn er einen von Bismarck verfassten Brief unterschreiben und in seinem Namen an die deutschen Fürsten richten würde. Ludwig stimmte Bismarck schließlich zu und trug im sogenannten Kaiserbrief Wilhelm den Kaisertitel an. Für Bismarck wie für Wilhelm war es wichtig, dass die Kaiserkrone nicht von einem Parlament, sondern von den deutschen Fürsten kam.

Wenige Wochen später beschloss der Bundesrat des Norddeutschen Bundes im Einvernehmen mit Bayern, Württemberg, Baden und Hessen eine Verfassungsänderung. Sie fügten der Verfassung des Norddeutschen Bund folgenden Satz hinzu: »Das Präsidium des Bundes steht dem König von Preußen zu, welcher den Namen Deutscher Kaiser führt.«

Die Parlamente folgten dem von den Fürsten eingeschlagenen Weg. Am 10. Dezember 1870 beschloss der Norddeutsche Reichstag eine Adresse an Wilhelm: »Vereint mit den Fürsten Deutschlands naht der Norddeutsche Reichstag mit der Bitte, dass es Ew. Majestät gefallen möge, durch Annahme der deutschen Kaiserkrone das Einigungswerk zu weihen.« Ironie der Geschichte: Die Delegation des Norddeutschen Bundes wurde mit Eduard von Simson von genau jenem Mann angeführt, der wenige Jahre zuvor die Delegation der Nationalversammlung geleitet hatte, die dem älteren Bruder Wilhelms I., Friedrich Wilhelm IV., die Kaiserkrone angetragen hatte. Doch dieses Mal lehnte der preußische König nicht ab.

Entscheidend dafür war, dass ihm die Krone von den Fürsten angeboten wurde, weshalb ihr nicht der »Ludergeruch der Revolution« anhaftete, wie Friedrich Wilhelm IV. formuliert hatte. Vielmehr konnte sich Wilhelm I. als ein von seinen »Brüdern« erwählter Kaiser betrachten.

Damit wurde der preußische König zum Deutschen Kaiser, und es entstand ein deutscher Nationalstaat im kleindeutschen Sinne. Zunächst hatte das Deutsche Reich weder eine offizielle Nationalhymne noch eine Nationalflagge im heutigen Sinne. Zu repräsentativen Anlässen wurde das Lied »Heil Dir im Siegerkranz« gespielt, dessen Melodie die der britischen Nationalhymne war. 1892 wurden die Farben Schwarz-Weiß-Rot aus der Flagge des Norddeutschen Bundes zur Reichsflagge bestimmt. Diese Farbenkombination war im Jahr 1867 durch die Zusammenfügung der preußischen Farben Schwarz-Weiß mit dem Rot-Weiß der Hansestädte Hamburg, Bremen und Lübeck entstanden.

## Außenpolitische Voraussetzungen

Nicht nur die innerdeutsche, auch die europäische Mächtekonstellation war im Winter 1870/71 günstiger für eine Vereinigung der deutschen Staaten und für die Annahme der Kaiserkrone als 1848/49. Bismarck bereitete nicht nur die deutschen Fürsten auf die Reichsgründung vor, sondern sorgte durch eine vorausschauende Außenpolitik auch für Ruhe unter den anderen Mächten Europas. Später sagte er einmal, dass die deutsche Einheit »unter dem bedrohenden Gewehranschlag des übrigen Europas ins Trockene gebracht« worden sei. Das war jedoch eine Übertreibung, um seine eigene Leistung hervorzuheben, denn die internationale Mächtekonstellation war 1871 äußerst günstig für eine Reichsgründung – und nicht Bismarcks Verdienst.

Seit der Niederlage im Deutschen Krieg im Jahr 1866 hatte Österreich seinen jahrhundertealten Führungsanspruch in Deutschland faktisch aufgegeben. Ohnehin erholte es sich nur schwer von der Niederlage im Deutschen Krieg. Die Habsburger waren überhaupt froh, dass sie sich in Österreich an der Macht halten konnten. Von daher konnte Österreich der Reichsgründung politisch nicht entgegenwirken.

Zudem hatte Kaiser Franz Joseph im Jahr 1867 dem Ausgleich mit Ungarn zugestimmt, der die Doppelmonarchie Österreich-Ungarn begründete. Das Interesse des Staates richtete sich daher fortwährend nicht mehr auf die Geschehnisse in Deutschland, denn für Ungarn besaß die deutsche Frage keinen Vorrang. Die Doppelmonarchie sah in Preußen und später dann im Deutschen Reich vielmehr einen Verbündeten gegen Russland im Machtkampf um die Gebiete im Osten Europas, vor allem um Polen, sowie auf dem Balkan.

Auch vom russischen Zaren war kein Widerstand gegen die Reichsgründung zu erwarten. Russland schickte sich an, die veränderte Machtlage für sich zu nutzen, und arbeitete auf die Befreiung von der »Pontus-Klausel« aus dem Pariser Frieden von 1856 hin, die seine Souveränität im Schwarzen Meer deutlich einschränkte. Am 31. Oktober kündigte Russland die Klausel einseitig. Indem Preußen diesen Schritt befürwortete und sogar empfahl, zog es in den schwierigen »Verhandlungswochen« im Herbst 1870 Russland näher an sich heran. Bismarck vertrat diese Haltung auch auf der Londoner Mächtekonferenz, die von Januar bis März 1871 dauerte. Die Mächte stritten um die »Pontus-Frage«, und Bismarck konnte so geschickt das Interesse der Weltmächte von der deutschen Frage abziehen.

Frankreich war durch den Deutsch-Französischen Krieg ohnehin geschwächt und durch gewaltige Reparationszahlungen gebunden, sodass bis Ende des 19. Jahrhunderts von Frankreich keine Gefahr für Deutschland ausging. Großbritannien sah in einer Intervention in Deutschland keinen Vorteil für sich. Zudem hätte es dafür einen kontinentalen Bündnispartner gebraucht. Und ein solcher stand ihm in dieser Phase nicht zur Verfügung. Die Aufmerksamkeit der englischen Politik galt vielmehr innenpolitischen Problemen wie den Kämpfen um die Wahlrechtsreform sowie den globalen Verpflichtungen des Empire. Zudem betrachtete die englische Politik die Entstehung eines deutschen Nationalstaates als ein Gegengewicht zu Frankreich in Mitteleuropa und nicht als Bedrohung für sich.

## Die Kaiserproklamation

Nach dem Sieg über Frankreich versammelten sich am 18. Januar 1871 alle deutschen Fürsten und Politiker im Spiegelsaal des Schlosses von Versailles. Nicht mit einer Krönung, sondern mit einer eher schlichten Kaiserproklamation sollte Wilhelm zum Deutschen Kaiser erhoben werden. Nach einer kurzen Ansprache Wilhelms verlas der preußische Ministerpräsident Otto von Bismarck die von ihm verfasste Kaiserproklamation:

> *Wir Wilhelm, von Gottes Gnaden König von Preußen, nachdem die deutschen Fürsten und Freien Städte den einmütigen Ruf an uns gerichtet haben, mit Herstellung des Deutschen Reiches die seit mehr denn 60 Jahren ruhende deutsche Kaiserwürde zu erneuern und zu übernehmen, und nachdem in der Verfassung des Deutschen Bundes die entsprechenden Bestimmungen vorgesehen sind, bekunden hiermit, dass wir es als eine Pflicht gegen das gemeinsame Vaterland betrachtet haben, diesem Rufe der verbündeten Fürsten und Städte Folge zu leisten und die deutsche Kaiserwürde anzunehmen. Demgemäß werden wir und unsere Nachfolger an der Krone Preußen fortan den kaiserlichen Titel*

# Das Schloss zu Versailles

Das ursprünglich kleine Jagdschloss Versailles wurde das erste Mal 1038 urkundlich erwähnt. König Ludwig XIII., der für seine Liebe zur Jagd bekannt war, ließ in den 1630er-Jahren ein dreiflügeliges Jagdschloss errichten, das 1661 auf seinen Sohn Ludwig XIV., den Sonnenkönig, überging, der es zunächst als Lustschloss und Sommersitz nutzte, bis er sich schließlich 1677 entschloss, in Versailles ein eigenes Residenzschloss zu errichten. Ab 1682 residierte der Sonnenkönig samt Hofstaat im Versailler Schloss. Unter dem Sonnenkönig stieg Frankreich zum mächtigsten europäischen Staat auf und wurde zum kulturellen, wirtschaftlichen und politischen Zentrum. Das Versailler Schloss wurde zum Symbol der Größe und Stärke der Nation und zum baulichen Vorbild für den fürstlichen Schlossbau in ganz Europa.

Das ganze 18. Jahrhundert hindurch erlebte das altehrwürdige französische Königsschloss von Versailles einen langsamen Niedergang. Die Zeiten des Sonnenkönigs Ludwigs XIV. waren vorbei. Weltgeschichte wurde in Versailles seit Langem nicht mehr geschrieben. Schließlich mündete die französische Geschichte 1789 in die Revolution, König Ludwig XVI. wurde hingerichtet, und der Glanz alter Tage war in Versailles nun endgültig vorbei.

Im Zuge der Revolution wurde das Schloss systematisch geplündert. Das Tafelsilber wurde zuerst gestohlen und dann eingeschmolzen. Die Möbel zierten bald die bürgerlichen Wohnungen in Paris. Als sich nun Napoleon nach der Revolution selbst zum Kaiser krönte und Frankreich eine neue Ordnung bringen wollte, scheute er das Versailler Schloss und wollte sein Kaisertum nicht mit dem alten Königtum in Verbindung bringen. Ebenso hielten es die der napoleonischen Zeit nachfolgenden zurückgekehrten Bourbonen.

Schließlich kam für Versailles der 18. Januar 1871, und das Schloss wurde zur Bühne für das bunte Schauspiel, das Otto von Bismarck inszenierte. Dort, im Herzen der alten französischen Macht, von dem aus ein Weltreich regiert wurde und welches das Symbol eines großen Imperiums war, erhielt Wilhelm I. die deutsche Kaiserwürde, und das Deutsche Reich wurde gegründet. Die Kaiserproklamation fand im Symbolschloss des besiegten Gegners statt, der gedemütigt das von Ludwig XIV. eroberte Elsass-Lothringen abtreten musste.

Heute scheint es merkwürdig, dass Bismarck ausgerechnet Versailles für die Kaiserproklamation wählte. Sollte dies eine vulgäre Triumphgeste der Preußen sein? Doch wo sonst hätten die Feierlichkeiten stattfinden können? Hätte Bismarck Berlin gewählt, wäre dies das falsche Zeichen an die deutschen Fürsten gewesen. Berlin hätte die preußische Vormachtstellung nicht nur unterstrichen, sondern den föderalen Gedanken im Deutschen Reich beschädigt. Wahrscheinlich wären die Fürsten zu so einem Schritt nicht zu bewegen gewesen. Wien, Aachen, Frankfurt oder Regensburg wären ein Rückschritt in die Strukturen des mittelalterlichen Reiches gewesen. Mainz und Köln waren zu katholisch, und eine Kaiserproklamation in der deutschen Provinz war ausgeschlossen. Aus dieser Perspektive schien das Versailler Schloss ein exzellenter Ort und für die Einheit der deutschen Fürsten gewissermaßen ein neutraler Boden zu sein. Für die Franzosen bedeutete die Wahl ihres Schlosses als Gründungsort des Deutschen Kaiserreiches ein dauerhaftes Trauma.

Doch der Tag der Revanche kam für Frankreich im Jahr 1919 nach dem Waffenstillstand der Alliierten mit dem Deutschen Reich und nach dem Ende des Ersten Weltkrieges. In Versailles wurde dem nunmehr unterlegenen und am Boden zerstörten Deutschen Reich ein Frieden diktiert, der das Ende des Kaisertums besiegelte. Frankreich konnte sich dabei vor allem gegen das 14-Punkte-Programm des amerikanischen Präsidenten Woodrow Wilson durchsetzen. Dieses Programm hätte dem Deutschen Reich einen angenehmeren Friedensvertrag als den, der dann tatsächlich aufgrund französischen Drängens wiederum im Versailler Schloss vereinbart wurde, beschert.

*in allen unseren Beziehungen und Angelegenheiten des Deutschen Reiches führen und hoffen zu Gott, dass es der deutschen Nation gegeben sein werde, unter dem Wahrzeichen ihrer alten Herrlichkeit das Vaterland einer segensreichen Zukunft entgegenzuführen. Wir übernehmen die kaiserliche Würde in dem Bewusstsein der Pflicht, in deutscher Treue die Rechte des Reichs und seiner Glieder zu schützen, den Frieden zu wahren, die Unabhängigkeit Deutschlands, gestützt auf die geeinte Kraft seines Volkes, zu verteidigen. Wir nehmen sie an in der Hoffnung, dass dem deutschen Volke vergönnt sein wird, den Lohn seiner heißen und opfermutigen Kämpfe in dauerndem Frieden und innerhalb der Grenzen zu genießen, welche dem Vaterlande die seit Jahrhunderten entbehrte Sicherheit gegen erneuten Angriff Frankreichs gewähren. Uns aber und unseren Nachfolgern an der Kaiserkrone wolle Gott verleihen, allzeit Mehrer des Deutschen Reichs zu sein, nicht an kriegerischen Eroberungen, sondern an den Gütern und Gaben des Friedens auf dem Gebiet nationaler Wohlfahrt, Freiheit und Gesittung.*

Nach der Kaiserproklamation rief der Großherzog Friedrich von Baden aus: »Seine kaiserliche und königliche Majestät, Kaiser Wilhelm, lebe hoch!« Zu diesem Ausruf hatte ihn Bismarck gebracht, da der Großherzog als Erster Wilhelm hochleben lassen sollte. Die Problematik war: Der Kaiserproklamation war ein Streit zwischen Bismarck und Wilhelm I. vorausgegangen. Bismarck erinnerte sich: »Eine neue Schwierigkeit erhob Se. Majestät bei der Formulierung des Kaisertitels … In der Schlussberatung am 17. Januar lehnte er die Bezeichnung Deutscher Kaiser ab und erklärte, er wolle Kaiser von Deutschland oder gar nicht Kaiser sein … Ich machte geltend, dass … der Titel Kaiser von Deutschland einen landesherrlichen Anspruch auf die nichtpreußischen Gebiete involviere, den die Fürsten zu bewilligen nicht gemeint wären …«

Wilhelm lehnte die Unterordnung des preußischen Königtums unter die deutsche Kaiserkrone also ab. Er war davon überzeugt, dass er als König von Preußen in Europa mehr Ansehen genoss, als es ihm als Kaiser je möglich sein würde. Wenn er Kaiser werden sollte, dann tatsächlich »Kaiser von Deutschland« und nicht »Deutscher Kaiser«.

Der Titel »Kaiser von Deutschland« suggerierte aber, dass Wilhelm Kaiser auch jener Gebiete sein würde, die zwar zum Deutschen Bund, nicht aber zum Deutschen Reich gehörten. Insofern riet Bismarck vehement von dieser Titulatur ab. Der Kaiser hegte wegen des Titels Groll gegen Bismarck, doch am Ende beugte er sich dem Drängen seines Ministerpräsidenten und dem der deutschen Fürsten.

Der Großherzog von Baden fand nun mit seinem Ausruf »Kaiserliche und Königliche Majestät« einen gangbaren Weg für die Proklamation in Versailles. Allerdings beriet sich der Großherzog noch einmal zuvor mit Wilhelm, er wollte das neue Staatsoberhaupt nicht übergehen oder gar kränken. »Die Unterredung der beiden Herren blieb mir unbekannt, und ich war bei Verlesung der Proklamation in Spannung. Der Großherzog wich dadurch aus, dass er ein Hoch weder auf den deutschen Kaiser noch auf den Kaiser von Deutschland, sondern auf den Kaiser Wilhelm ausbrachte«, so Bismarck in seinen Erinnerungen. Der preußische König jedoch war von den Streitereien mit Bismarck so mitgenommen, dass er kurz vor der Zeremonie am Morgen des 18. Januars 1871 in Tränen ausbrach. Nach der Proklamation verweigerte er Bismarck deshalb den Handschlag, doch nach nur zwei Monaten hatte er sich beruhigt und erhob Bismarck für seine Leistungen in den Fürstenstand.

Bismarck hatte sein Ziel erreicht – der preußisch-deutsche Nationalstaat entstand. Deutschland war geeint. Das Reich wurde von der großen Mehrheit der Deutschen als das empfunden, was die meisten seit Jahrzehnten forderten: nationale Einheit, imperialer Glanz und Größe.

Überall im Deutschen Reich wurden die Nachrichten von der Reichsgründung und Kaiserproklamation frenetisch gefeiert. Eine Woge des Patriotismus schwappte über das Land und schien die Tatsache, dass die Einheit der Nation von oben, also von den deutschen Fürsten, herbeigeführt wurde, zu verschleiern. Die Forderungen des liberalen Bürgertums nach Einheit, aber auch nach Freiheit und Demokratie wurden durch die Reichsgründung nicht

(→ weiter auf S. 84)

Das Kaiserreich
KGR. DÄNEMARK
Nordsee
Schleswig-Holstein
Schleswig
Lübeck
Wilhelmshaven
Hamburg
Oldenburg
Bremen
Ghzm. Oldenburg
Provinz Hannover
KGR. NIEDERLANDE
Schaumburg-Lippe
Braun-schweig
Osnabrück
Hannover
Hzm. Braun-schweig
Münster
Lippe-Detmold
Westfalen
Dortmund
Rhein
Waldeck
Kassel
KGR. BELGIEN
Köln
Provinz Hessen-Nassau
Rheinprovinz
Gießen
Koblenz
Ghzm. Hessen
Frankfurt/M.
LUX.
Mainz
Trier
Würzburg
Pfalz
Mannheim
Metz
Karlsruhe
KGR. WÜRTTEMBERG
Lothringen
Stuttgart
REP. FRANKREICH
Straßburg
Hohen-zollern
Ulm
Elsass
Freiburg
Sigmaringen
Ghzm. Baden
Basel
Zürich
Bern
SCHWEIZ
Kgr. Preußen 1866
Grenze des Deutschen Reiches 1871

KGR. SCHWEDEN
Malmö
Ostsee
Memel
Memel
Tilsit
Königsberg
Insterburg
Danzig
Ostpreußen
Allenstein
Westpreußen
Stralsund
Pommern
Weichsel
Stettin
Posen
Posen
Warschau
KAISERREICH RUSSLAND
Cottbus
Oder
Liegnitz
Breslau
Schlesien
Kattowitz
Krakau
KGR. GALIZIEN UND LODOMERIEN
Prag
KGR. BÖHMEN
Mgft. Mähren
Brünn
ÖSTERREICHISCH-UNGARISCHE MONARCHIE
Linz
Donau
Wien
Erzhzm. Österreich
Budapest
KGR. UNGARN
N
S
0 50 100 150 km
© Theiss Verlag/Peter Palm

# Kaiser Wilhelm I.

Wilhelm Friedrich Ludwig von Preußen wurde am 22. März 1797 in Berlin geboren. Er war der zweite Sohn des preußischen Königs Friedrich Wilhelm III. Von Anfang an war seine Erziehung darauf ausgerichtet, aus Wilhelm einen tüchtigen preußischen Offizier zu machen. Die napoleonische Zeit, vor allem die Befreiungskriege prägten ihn zutiefst. 1814 begleitete er als Hauptmann seinen Vater auf dem Feldzug gegen Napoleon nach Frankreich. Gemeinsam zogen sie am 31. März 1814 siegreich in Paris ein.

Wilhelm war der zweitgeborene Sohn des preußischen Königs, darum war sein älterer Bruder Friedrich Wilhelm Thronfolger. Nach dem Tod des Vaters im Jahr 1840 wurde Letzterer als Friedrich Wilhelm IV. König. Da dessen Ehe mit der bayerischen Prinzessin Elisabeth Ludovika kinderlos blieb, erhielt Wilhelm den Titel Prinz von Preußen.

Wilhelm wurde zum General der Infanterie befördert und war in dieser Funktion maßgeblich daran beteiligt, die Revolution von 1848/49 niederzuwerfen. Das trug ihm den Namen »Kartätschenprinz« ein. Als Friedrich Wilhelm IV. 1858 in geistige Umnachtung fiel und schließlich 1861 starb, übernahm Wilhelm zunächst die Regentschaft und wurde dann König. Bei einem Sommeraufenthalt in Baden-Baden 1861 wurde er bei einem Attentatsversuch nur leicht verletzt.

Im Konflikt um die Heeresreform geriet Wilhelm 1862 mit dem preußischen Landtag aneinander und dachte an Abdankung. In dieser Krise berief er Otto von Bismarck zum preußischen Ministerpräsidenten, womit er einen Mann an seiner Seite hatte, der sich gegen Mehrheiten durchsetzen konnte und die Geschicke Preußens lenkte. Gemeinsam setzten sie die Heeresreform durch und führten 1864 Krieg gegen Dänemark. Preußen konnte sich gegen Österreich durchsetzen und war nun die führende Macht im Deutschen Bund. Dabei war Bismarck der eigentliche »Macher«, und Wilhelm schenkte ihm sein Vertrauen.

An der Spitze der verbündeten deutschen Staaten zog Wilhelm schließlich 1870 in den Krieg gegen Frankreich, der am 1. September 1870 mit dem Sieg in der Schlacht von Sedan praktisch gewonnen war. Der Gegner Frankreich schmiedete die deutschen Fürsten zusammen. Bismarck nutzte die Gunst der Stunde und veranlasste am 18. Januar 1871, dass Wilhelm I. in Versailles zum deutschen Kaiser proklamiert wurde. Danach wurde Kaiser Wilhelm I. die eigentliche Identifikationsfigur des Deutschen Reiches und erfreute sich im hohen Alter großer Beliebtheit in weiten Teilen des Reiches. Als Wilhelm I. am 9. März 1888 in Berlin im Alter von 91 Jahren starb, trauerte das ganze Reich um ihn. Wilhelm II., sein Enkel, verlieh ihm posthum den Titel »der Große«, der sich allerdings nicht durchsetzte. Anders urteilte Bismarck über Wilhelm I.: »... kein Großer, aber ein Ritter und ein Held«.

verwirklicht. Im allgemeinen Freudentaumel spielte dieser vermeintliche Wehrmutstropfen keine große Rolle. Die Liberalen stellten die Mehrheit im Reichstag und hofften durch Reformen ihre alten Ziele zu erreichen.

Auch in New York waren die Deutsch-Amerikaner seit dem Deutschen Krieg gespalten, viele hielten zu Preußen und forderten ein Deutschland unter dessen Führung, andere wieder unterstützten die Vorherrschaft Österreichs. Über Jahre beherrschte dieser Dualismus auch das überseeische deutschsprachige Pressewesen, bis schließlich im Jahr 1871 das Deutsche Reich unter preußischer Vorherrschaft gegründet wurde und eine Heilige Allianz mit dem Kaiserreich Österreich einging. Die Aussöhnung beider Seiten ließ die aufgekommenen Spannungen auch unter den Deutsch-Amerikanern mit verschiedenen Auffassungen wieder abklingen. Der 18. Januar 1871 wurde aber von der Mehrheit der Deutschen in den Kolonien sowie in den Ländern, in denen sich eingewanderte Deutsche aufhielten, als Feiertag begangen.

## Die Berliner Siegesfeier

Beim Einzug der deutschen Armeen am 16. Juni 1871 jubelte ganz Berlin. Tausende Menschen waren auf den Straßen, um die aus Frankreich zurückkehrenden Truppen zu empfangen. Der deutsche Dichter Theodor Fontane, der bereits die beiden feierlichen Einzügen nach dem Deutsch-Dänischen Krieg und nach dem Deutschen Krieg in zwei Gedichten festgehalten hatte, dichtete nun auch über den 16. Juni: »Bunt gewürfelt Preußen, Hessen/Bayern und Baden nicht zu vergessen/Sachsen, Schwaben, Jäger, Schützen/Pickelhauben und Helme und Mützen/.../Zum dritten Mal/ziehen sie ein durch das große Portal/die Linden hinauf erdröhnt ihr Schritt/Preußen-Deutschland fühlt ihn mit.«

Der Sieg über Frankreich, die Reichsgründung und das neue Kaisertum boten hinreichend Anlass für einen feierlich-pompösen Empfang in der neuen Reichshauptstadt, für den die Stadt Berlin 113 000 Taler zur Verfügung stellte. Der Empfang sollte die Feierlichkeiten von 1866 weit übertreffen und verdeutlichen, wie es Fontane in seinem Gedicht tat, dass es mit drei Reichseinigungskriegen nun genug sei: »Bon soir, Messieurs, nun ist es genug.« Um die größere Bedeutung dieses Empfanges zu unterstreichen, wurde auch die Strecke, welche die siegreichen Truppen durch Berlin zogen, von zwei Kilometer auf sechs ausgedehnt. Das sollte vor allem auch der Tatsache Rechnung tragen, dass an jenem Tag nicht nur preußische Truppen durch Berlin marschierten, sondern Soldaten aus dem ganzen Deutschen Reich.

Der Zug der Truppen nahm seinen Ausgang am Tempelhofer Feld und verlief durch das Brandenburger Tor und Unter den Linden zum Stadtschloss. Fahnen, Ehrensäulen und über tausend eroberte Geschütze säumten die Straßen. Vom Tiergarten an fanden sich zudem Statuen, Inschriften und Trophäen an den Straßenrändern. Die Laternenmasten entlang der Straße waren ebenso wie das Brandenburger Tor mit Girlanden, Eichenlaub und Lorbeerkränzen geschmückt. Den Höhepunkt der Ausschmückung bildete jedoch die Ausstattung der Linden mit fünf über die ganze Breite der Straße gespannten Monumentalbildern, die von den Malern Otto Knille, Johannes Schaller, Anton von Werner, Ernst Ewald und August Heyden stammten. Während der Parade erklang Marschgesang, Chöre und Glockengeläut verstärkten die erhebende Stimmung. 63 Jungfrauen in altdeutschen Tuniken erwarteten die einmarschierenden Truppen. Eine von ihnen trat nach vorn und überreichte dem Kaiser einen Lorbeerkranz.

Obwohl die meisten Historiengemälde dieser Zeit Wilhelm an der Spitze seiner Soldaten durch das Brandenburger Tor reitend zeigen, gibt das Tagebuch der Baronin Spitzemberg, die den Zug auf der Höhe der Humboldt-Universität beobachtete, andere Auskünfte. Erst kam eine Vorhut von hohen Militärs, dann folgte das Dreigestirn Roon, Bismarck und Moltke. Hinter ihnen ritten der Kaiser, der Kronprinz, Prinz Friedrich Karl und die Fürsten aus Bayern, Württemberg, Baden, Hessen und den anderen deutschen Ländern. Es war das erste gemeinsame Auftreten der zu einem neuen Fürstenbund zusammengefassten deutschen Dynastien, und so machte das Zeremoniell klar, dass der kleindeutsche Nationalstaat sich keineswegs einer bürgerlichen Revolution, sondern dem Handeln der alten Fürstenhäuser verdankte.

Am Abend wartete die Stadt mit etwas Besonderem auf. Ähnlich wie 1866 ließ sie viele öffentliche Bauten und vor allem Denkmäler festlich beleuchten, zudem brannten überall in der Stadt auf öffentlichen Plätzen bengalische Feuer. Scheinwerfer und Ballons erhellten die Innenstadt zusätzlich. Und ganze 15 000 Reichstaler verschlang die Illumination des Brandenburger Tores.

Die Tageszeitungen berichtete wie hier die »National-Zeitung« in ihrer Morgenausgabe vom 16. Juni 1871: »Unserer Stadt aber ist das seltene Glück zugefallen, sich heute schon zum dritten Mal in sieben Jahren zu einem Siegeszug zu schmücken.« Sie schrieb weiter: »Wir alle, Bürger und Krieger, preisen es schon seit Monaten. Die deutsche Einheit ist die goldene Frucht am Baum dieses Jahres.« Es versetzte nicht nur Volk und Wirtschaft in Hochstimmung, es stiftete Identität und beeinflusste sogar Künstler. Der Sieg über Frankreich fand sich in unzähligen Bildern, Gedichten und auch in der Musik wieder. So schrieb Richard Wagner den »Kaisermarsch«, um die Siegesfeier musikalisch zu untermalen. Brahms wurde von der Feier inspiriert, und verschiedene Künstlergruppen sahen in der Reichsgründung eine tiefe Zäsur der Kunst und den Beginn einer neuen Ära.

Der zeitgenössische Karlsruher Kunsthistoriker Bruno Meyer wies auf die Bedeutung der Berliner Siegesfeier für Kunst und Kunstschaffende im Kaiserreich hin. Viele Bilder der Siegesfeier stellten auf Wunsch des Kaisers symbolisch nicht den neuen Kaiser, sondern die Nationalallegorie »Germania« oder das gesamte deutsche Volk als Träger der Reichsgründung dar.

## Die Verfassung des Deutschen Reiches

Das Deutsche Reich war eine konstitutionelle Monarchie, die föderalistisch aufgebaut war. Mit Elsass-Lothringen umfasste es 26 Einzelstaaten. Die neue Verfassung wurde am 14. April 1871

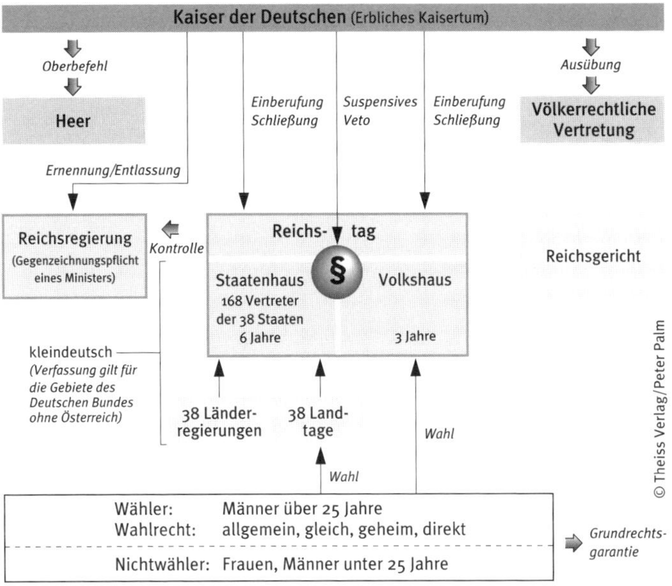


Die Reichsverfassung

vom deutschen Reichstag angenommen. Sie knüpfte im Wesentlichen an die Verfassung des Deutschen Bundes an, was auf Bismarcks Vorschlag zurückging. Der neue Nationalstaat sollte auf dynastischer Grundlage als Bund souveräner Fürsten geschaffen werden, nicht aber auf Initiative des Parlaments.

Oberstes Organ des Reiches war der Bundesrat, die Vertretung der 25 einzelnen Bundesstaaten einschließlich der reichsfreien Städte Bremen, Lübeck und Hamburg. Das Reichsland Elsass-Lothringen kam erst 1911 dazu. Von den insgesamt 58 (ab 1911 61) Stimmen entfielen 17 auf Preußen, den größten Bundesstaat. Es besaß zwar nicht die Mehrheit der Stimmen, aber ein deutliches Übergewicht, um so Druck auf die anderen Länder ausüben zu können. Der Bundesrat musste ebenso wie der Reichstag allen Gesetzen und Staatsverträgen zustimmen.

Das neue Staatsoberhaupt war der »Deutsche Kaiser«. Durch diesen Titel war er im Kreis der Bundesfürsten nicht »primus inter pares«, sondern vor allem den Königen deutlich übergeordnet. Er übte als oberster Kriegsherr die Befehlsgewalt über Armee und

Marine aus, konnte Verträge und Bündnisse mit anderen Ländern schließen und Gesandte beglaubigen. Er hatte die Macht, einem anderen Land den Krieg zu erklären und Frieden zu schließen. Auch den Reichskanzler bestellte er allein.

Der Reichskanzler, der lediglich vom Kaiser abgesetzt werden konnte, musste sich dem Parlament gegenüber nicht verantworten und war so sehr frei in seiner Politik, besonders der Außenpolitik. Er bekleidete in Personalunion auch das Amt des preußischen Ministerpräsidenten und hatte sogleich den Vorsitz im Bundesrat inne. Er zeichnete zivile Angelegenheiten betreffende kaiserliche Verordnungen gegen und vertrat sie gegenüber dem Reichstag und der Öffentlichkeit.

Die Verfassung sah die Schaffung von Reichsämtern oder Ministerien nicht vor. Ursprünglich sollte das Reichskanzleramt alle Regierungsinstanzen koordinieren, doch bereits in den 1870er-Jahren erwies sich dies als unpraktikabel, und die Reichsämter des Inneren, das Auswärtige Amt, das Reichsjustizamt, das Reichsschatzamt, das Reichsmarineamt und das Reichskolonialamt wurden eingeführt. An ihre Spitze wurden Staatssekretäre berufen, die dem Reichskanzler untergeordnet waren. Ein Reichskriegsamt oder Verteidigungsministerium wurde nicht geschaffen. Die Zuständigkeit für das Heer blieb in den Händen des preußischen Kriegsministeriums.

Der Reichstag war die Vertretung des Volkes. Er wurde in gleicher, direkter und geheimer Wahl von allen Männer über 25 gewählt. Aufgelöst werden konnte er nur vom Reichskanzler, wenn der Kaiser diesem Vorhaben zustimmte. Diese Möglichkeit nutzten die Kanzler als Druckmittel auf das Parlament. Zunächst war die Legislaturperiode auf drei Jahre bemessen, 1888 wurde sie auf fünf Jahre erweitert. Die Abgeordneten erhielten bis 1906 keine Diäten, dann aber zumindest eine Aufwandsentschädigung. Der Reichstag musste laut Verfassung allen Reichsgesetzen zustimmen. Er besaß zudem das Budgetrecht und musste alljährlich den Reichshaushalt bewilligen. Da die Staatsfinanzen eine zunehmend bedeutendere Rolle spielen, nahm die Macht des Reichstages bis 1914 beständig zu. Doch blieb ihm das entscheidende Recht eines demokratisch-legitimierten Staates verwehrt. Er konnte keinen direkten politischen Einfluss auf die Politik des Reichskanzlers und der Sekretäre der Reichsämter ausüben, sondern sich lediglich gegen diese Politik aussprechen.

Als Abgeordneter war man gewählt, wenn man in seinem Wahlkreis die absolute Mehrheit erzielen konnte. Gelang dies im ersten Wahlgang nicht, so musste eine Stichwahl zwischen den beiden aussichtsreichsten Kandidaten entscheiden.

Bei den ersten Reichstagswahlen am 3. März 1871 setzten sich die liberalen Parteien mit 202 von 382 Sitzen als stärkste politische Kraft durch. Wenige Wochen später, am 21. März 1871, wurde in der Reichshauptstadt Berlin der erste deutsche Reichstag eröffnet. Otto von Bismarck wurde am gleichen Tag von Kaiser Wilhelm I. zum Reichskanzler ernannt.

Die deutschen Länder hatten jeweils eigene Verfassungen, die sich teilweise beträchtlich unterschieden. Vor allem in den Bereichen Verwaltung, Recht und Kultus blieben sie weitgehend von der Reichsverfassung unabhängig. Auch enthielten die Landesverfassungen großenteils notwendige Grundrechte, denn die Verfassung des Deutschen Reiches verfügte über keinen Grundrechtekatalog.

Insgesamt steckte die Reichsverfassung zwischen den zwei konträren Polen »autoritäre Monarchie« und »parlamentarische Mitbestimmung«. Auf der einen Seite gewährte sie den Wählern das allgemeine, gleiche, direkte und geheime Wahlrecht und kam damit den demokratischen Forderungen nach politischer Mitbestimmung weit entgegen. Andererseits enthielt die Verfassung starke Sicherungen gegen die Machtansprüche des Reichstages und eine mögliche Weiterentwicklung des parlamentarischen Systems. Der Historiker Wolfgang J. Mommsen bezeichnete die Verfassung als »ein System umgangener Entscheidungen«.

## Die Parteienlandschaft im Kaiserreich

Das für das Kaiserreich typische Fünfparteiensystem aus Konservativen, Nationalliberalen, Linksliberalen, dem Zentrum und der Sozialdemokratie hatte sich spätestens Mitte der 1870er-Jahre herausgeschält. Die Konservativen formierten sich zunehmend deutlicher als Interessenvertretung der Landwirtschaft und auch des alten Mittelstandes aus Handwerkern, kleineren Kaufleuten und Beamten. Sie verloren aber im Weiteren stetig an Wählern.

Die Liberalen erwiesen sich im Kaiserreich als besonders streitwillig und spaltungsanfällig. 1866 waren sie bereits unter dem Eindruck der Bismarckschen Erfolge in einen eher nationalen und einen demokratischen Flügel auseinandergefallen. Ab 1871 bestimmte ein Gegeneinander von Konservativen und Progressiven sowie von Rechts- und Linksliberalen den liberalen Flügel des Reichstages. Diese Zerstrittenheit wirkte sich auch auf die Wahlergebnisse aus. Die Nationalliberalen erhielten 1871 noch 30 Prozent der Wählerstimmen, konnten 1912 aber nur noch 13,7 Prozent erzielen und durchlebten im Kaiserreich eine beständige Talfahrt. Die Linksliberalen konnten die Verluste der Nationalliberalen nicht auffangen und hatten ihrerseits Mühe, ihre Position überhaupt zu behaupten.

Die Liberalen und die Konservativen als bürgerliche Parteien blieben verhältnismäßig mitgliederschwach und vermochten ihre Anhänger allerhöchstens in Wahlzeiten zu mobilisieren. Diese organisatorische Schwäche wurde jedoch durch die Hilfe mehrerer Verbände ausgeglichen. Darunter waren der »Bund der Landwirte«, der 1911 328 000 Mitglieder zählte, und der »Zentralverband Deutscher Industrieller«, die finanzstarke und einflussreichste Interessenvertretung der deutschen Schwerindustrie. Im Wahlkampf 1912 gab der Zentralverband fast 4 Millionen Mark aus.

Das Zentrum verfügte als politisches Sprachrohr des Katholizismus über einen sicheren, mehrere Schichten umfassenden Anhängerstamm. Obwohl die Anhängerschaft sozial und gesellschaftlich äußerst verschieden war und daher innerhalb des Zentrums unterschiedliche Interessen ausgeglichen werden mussten, bewies die Partei in der Kaiserzeit eine erstaunliche politische Stabilität. Es hatte enorme organisatorische und integrative Kraft. Die ihm nahe stehende Massenorganisation, der »Volksverein für das katholische Deutschland«, leistete der Partei wertvolle Zubringerdienste, die sich insbesondere in den Wahlkämpfen auszahlten. Mit Geschlossenheit und politischer Bindekraft vermochte es das Zentrum, der Politik Bismarcks Widerstand zu leisten.

Seine Anhänger jedoch fühlten sich während des Kulturkampfes im protestantisch geprägten Kaiserreich vom Staat ausgeschlossen.

Die Sozialdemokraten verzeichneten den stärksten Aufstieg aller Parteien im Kaiserreich. 1871 erhielten sie nur 3,2 Prozent der Stimmen, doch ab 1890 waren sie die stärkste Partei, nachdem sie in den Jahren davor durch Bismarcks »Sozialistengesetz« weitgehend in ihrer Entfaltung gehemmt gewesen waren. 1912 bildeten sie die stärkste Reichstagsfraktion.

Diesen Erfolg verdankte die sich ausschließlich als Arbeiterpartei verstehende SPD vor allem ihrer Mitgliederstärke und straffen Organisation. Die Parteiarbeit wurde von hauptamtlichen Funktionären bestritten, die nicht nur einen gut funktionierenden bürokratischen Apparat aufzogen, sondern es auch verstanden, die Partei zu einer Art geistigen und gesellschaftlichen Heimat für viele ihrer Mitglieder zu machen. Die guten Beziehungen zu den Gewerkschaften kamen der Partei dabei sehr zugute. Man führte sich gegenseitig Mitglieder zu und leistete organisatorische, personelle und finanzielle Hilfe, wo immer es möglich war.

## Die Verfassungen der außerpreußischen Bundesstaaten

Die meisten deutschen Bundesstaaten waren konstitutionelle Monarchien. Lediglich die drei hanseatischen Stadtrepubliken Bremen, Hamburg und Lübeck sowie die beiden mecklenburgischen Großherzogtümer, die ihre aus dem 16. Jahrhundert stammende landständische Verfassung behielten, wichen von diesem Verfassungstypus ab.

Während die Mehrheit der Bundesstaaten mit der Staatsform des Kaiserreiches übereinstimmte, unterschieden sich die Wahlsysteme doch erheblich. Das allgemeine, gleiche Wahlrecht, wie es für den Reichstag galt, hatten 1871 lediglich acht Einzelstaaten: Hessen, Baden, Lübeck, Waldeck, Oldenburg, Sachsen-Coburg-Gotha und mit Einschränkungen Bayern und Sachsen. In diesen beiden Bundesstaaten waren diejenigen, die keinerlei direkte Staatssteuer zahlten, vom Wahlrecht ausgeschlossen.

Elf Bundesstaaten – Anhalt, Braunschweig, Lippe, Sachsen-Meiningen, Sachsen-Weimar-Eisenach, Sachsen-Altenburg, die beiden Schwarzburg und die beiden Reuß – hatten ein Klassenwahlrecht. Hierbei waren in Preußen die Wähler nach ihrem Anteil am Steueraufkommen des jeweiligen Wahlkreises in drei Klassen eingeteilt. Gewählt war dann derjenige Kandidat, der im Durchschnitt der drei Klassen den höchsten Stimmenanteil erzielen konnte. In Württemberg, Bremen, Hamburg und Schaumburg-Lippe war die Volksvertretung noch durch die alte ständische Ordnung aufgeteilt.

Nur die größeren Bundesstaaten Preußen, Bayern, Sachsen, Hessen, Württemberg und Baden hatten ihre Volksvertretung in zwei Kammern. Alle übrigen hatten das Einkammersystem.

In den süddeutschen Bundesstaaten war die parlamentarische Tradition älter als in den anderen. Dort wurde das Wahlrecht nach der Jahrhundertwende reformiert. Baden, das bereits das allgemeine, gleiche, jedoch indirekte Wahlrecht hatte, führte 1905 die direkte Wahl ein. Ein Jahr später änderten auch Württemberg und Bayern ihr Wahlrecht nach dem Vorbild der Reichstagswahlen. Zur gleichen Zeit wurde das Wahlrecht in Hamburg verschärft. Für 72 von 160 Abgeordneten der Hamburger Bürgerschaft, die nicht von den Großgrundbesitzern und Notabeln gewählt wurden, führte die Hansestadt ein Zweiklassenwahlrecht ein, bei dem die Besserverdienenden 48 Abgeordnete wählen durften. Diejenigen, die weniger zu versteuern hatten, konnten die restlichen 24 wählen.

## Die Eingliederung von Elsass und Lothringen

Bereits während des Deutsch-Französischen Krieges forderte der deutsche Historiker Theodor Mommsen unter Verweis auf kulturelle Gemeinsamkeiten die Annexion Elsass-Lothringens. Er sprach dabei vielen Nationalgesinnten aus der Seele, die die »verlorenen Gebiete« wieder bei Deutschland sehen wollten. Sein französischer Kollege Fustel de Coulanges antwortete ihm daraufhin in einem Schreiben: »Sie glauben, bewiesen zu haben, dass das Elsass deutscher Nationalität ist, weil seine Bevölkerung germanischer Rasse und seine Sprache deutsch ist. Aber ich wundere mich darüber, dass ein Historiker wie Sie vorgibt, nicht zu wissen, dass weder die Rasse noch die Sprache die Nationalität begründet.« Elsass und Lothringen nahmen aufgrund ihrer Geschichte und Kultur eine historische Sonderrolle ein, die sich nicht durch die Eingliederung ins Deutsche Reich lösen ließ.

Die neuen, ehemals französischen Gebiete Elsass und Lothringen sollten dem Deutschen Reich als Puffer dienen. Damit sollte die Grenze zu Frankreich gesichert werden. Dabei war es Bismarck jedoch klar, dass Frankreich sich die Schmach der Niederlage, der Reichsgründung und vor allem den Verlust von Elsass und Lothringen nicht gefallen lassen würde und auf Revanche sann. Entscheidend für die Annexion blieben aber die strategischen und wirtschaftlichen Überlegungen, die schwerer wogen als die Befürchtungen vor der französischen Retourkutsche.

Wirtschaftlich konnte Elsass-Lothringen dem Deutschen Reich von großem Nutzen sein. Das neue Reichsland lag verkehrsgünstig am Rhein und besaß darüber hinaus reiche Bodenschätze. Die Infrastruktur der Region war fortschrittlich und die Industrialisierung weit vorangeschritten. Nicht nur deswegen war der Verlust von Elsass und Lothringen für Frankreich nicht hinnehmbar. Zwar waren die beiden Regionen erst im 17. Jahrhundert zu Frankreich gekommen und hatten davor zum Reich gehört, dennoch betrachtete sich die Mehrheit der Einwohner zur Zeit der Reichsgründung als Franzosen. In Deutschland galten das Elsass und Lothringen jedoch als verlorene Gebiet.

Durch Frankreich schwappte nach der Annexion 1871 eine Welle der Entrüstung. Dabei sprach der französische Dichter Victor Hugo vielen aus der Seele, als er sinnbildlich den Versuch verurteilte, »aus einem Elsasser oder Lothringer einen preußischen Untertan machen zu wollen«. Im Elsass war die Bevölkerung gespalten. Dort lebten Franzosen und deutschsprachige Elsässer, die Region war ein Spiegelbild ihrer Geschichte und demonstrierte, was sie war: Ein Hybrid aus der Kultur und Geschichte beider Nationen.

Der französische Teil der Bevölkerung empörte sich nun und kündigte Widerstand an. Ihm wurde nun angeboten, bis zu dem festgelegten Stichtag am 1. Oktober 1871 ihren Wohnsitz nach Frankreich zu verlegen. Damit würden Elsass und Lothringen ihren französischen Einfluss verlieren. Parallel dazu strömten viele Deutsche in das neue Gebiet am Rhein, die sich im Bergbau sowie in der Rüstungs- und Stahlindustrie betätigten.

Als Elsass-Lothringen, das zuvor nie zusammengeschlossen gewesen war, 1911 als sogenanntes Reichsland organisiert wurde, kamen zusätzlich deutsche Beamte und Soldaten ins Land. Das Reichsland hatte fortan einen Sonderstatus und unterstand direkt dem Kaiser. 1911 erhielt es zudem politische Gleichberechtigung mit dem Rest des Reiches, indem ein Landtag in Elsass-Lothringen einberufen wurde.

## Reaktionen auf die Gründung des Kaiserreiches

In dem neu gegründeten Deutschen Reich wurde die Nachricht von der Kaiserproklamation frenetisch gefeiert. Die meisten Deutschen sahen mit großem wirtschaftlichem und politischem Optimismus in die Zukunft. Die Vollendung der seit dem Untergang des alten Reiches gewünschten Vereinigung der deutschen Staaten löste überall im Reich großen Jubeln und nationalen Eifer aus. Kaiser Wilhelm I. schien der einzige Deutsche zu sein, der an diesem Tag nicht leidenschaftlich feierte. Die Freude über die Reichsgründung täuschte allerdings darüber hinweg, dass es auch in den einzelnen Parlamenten Unstimmigkeiten gab. Bismarck hatte die Reichsgründung ganz ohne sie durchgedrückt. Vor allem die liberalen Politiker empörten sich darüber, sie hätten eine Mitbestimmung der Parlamente – gerade in Bezug auf die Frage nach dem Kaisertum – bevorzugt.

Für Frankreich waren die Niederlage im Deutsch-Französischen Krieg und die Reichsgründung eine Demütigung. Nicht ganz hundert Jahre zuvor hatten sie in der Französischen Revolution mit einer Volksbewegung den Willen des Volkes als staatliche Legitimation durchzusetzen versucht, und nun wurde ausgerechnet in ihrem Königsschloss, das wie kein anderes den Absolutismus repräsentiert, das Deutsche Reich durch eine »Revolution von oben« gegründet. Damit demonstrierten die Fürsten, dass ihnen auf diplomatischem Weg gelang, was die Bürgerlichen, Liberalen und Nationalisten in der Revolution von 1848 nicht vermocht hatten. Die Herrschaft der Fürsten und Könige von Gottes Gnaden war somit letztendlich wieder hergestellt. Ein vereinigtes Deutschland war zudem stärker als jemals zuvor. Und Frankreich fürchtete sich zu Recht vor weiteren Auseinandersetzungen.

In Großbritannien regte sich vor allem die konservative Opposition, die vom geeinten Deutschland größere Veränderungen in Europa befürchtete, als sie die Französische Revolution bewirkt hatte. Sie klagte über die außenpolitische Schwäche der liberalen britischen Regierung, die dies zugelassen hatte. Die Regierung wiederum begrüßte den deutschen Nationalstaat und verband damit die Hoffnung, dass Mitteleuropa damit nach jahrzehntelangen Unruhen seinen inneren Frieden finden würde. Das Deutsche Reich hielt zudem Frankreich wie Russland in Schach, was für Großbritannien von Vorteil war.

Für die Doppelmonarchie Österreich-Ungarn brach jedoch am 18. Januar 1871 eine Welt zusammen. Nichts war mehr so, wie es vorher gewesen war. Bereits 1866 hatte Österreich seinen Einfluss auf das Geschehen in Deutschland verloren, doch nun war die Möglichkeit, diesen zurückzubekommen, für immer ausgeschlossen. Jetzt dominierte Preußen Deutschland.

Der endgültige Ausschluss bedeutete mittel- und langfristig die größte Niederlage in Österreichs Geschichte. Obwohl der Vielvölkerstaat Österreich-Ungarn noch immer eine europäische Großmacht war, geriet die Mächtebalance in Mitteleuropa mit der Gründung des Deutschen Reiches ins Wanken. Dennoch regierten österreichische Regierung und Öffentlichkeit verhältnismäßig verhalten. Offensichtlich schienen die Probleme auf dem

Balkan drängender als die Ereignisse in Deutschland. Der ungarische Teil der Doppelmonarchie verhielt sich zudem still, um den österreichischen Teil nicht unnötig zu provozieren.

Für das Habsburgerreich war die Reichsgründung anders als für das übrige Europa entscheidend mehr: Eine außerhalb seiner Wirkungsmöglichkeiten gefallene Entscheidung nicht nur über seine außenpolitische, sondern auch über seine sozial- und verfassungspolitische Zukunft. Fast ausschließlich dieser Komplex der Rückwirkungen auf den eigenen Staat hat daher die Wiener Regierung und die Öffentlichkeit interessiert, nicht der Krieg und die Niederlage Frankreichs, nicht die Annexion Elsass-Lothringens und auch nicht die Vollendung des italienischen Nationalstaates. Österreich-Ungarn war der einzige Staat, für den die deutsche Reichsgründung das zentrale Ereignis von 1870/71 war.

# +++ Aufstieg zur Weltmacht +++

In Mitteleuropa entstand mit dem Deutschen Reich ein mächtiger Nationalstaat, der mit großer Dynamik seinen Platz als Weltmacht beanspruchte. Das Deutsche Reich holte binnen weniger Jahre die verpasste Industrialisierung nach, schuf einen einheitlichen Binnenmarkt und erlebte mit den Reparationszahlungen Frankreichs zunächst ein wirtschaftliches Hoch, den sogenannten Gründerboom. Es schloss damit zu den alten Weltmächten auf und veränderte dadurch das internationale Mächtegleichgewicht.

# Die Gründerjahre

Die Reichsgründung brachte einen enormen Wirtschaftsaufschwung in Deutschland mit sich und katapultierte das Deutsche Reich in den Kreis der Weltmächte. Das Rückgrat des Aufschwungs im Deutschen Reich war die Hochindustrialisierung.

Der Aufschwung der Gründerjahre war bedingt durch die vereinfachten Handelsbedingungen aufgrund des einheitlichen Binnenmarktes im Deutschen Reich, da die einzelnen Landeszölle entfielen, die den Handel zuvor stark erschwert hatten. Einheitliche Währungs- und Maßsysteme wurden zudem eingeführt. In der Bevölkerung herrschte durch den Sieg gegen Frankreich sowie die Reichsgründung eine allgemeine Aufbruchstimmung, die zu einem Anstieg in der Baubranche sowie zu Neugründungen im mittelständischen Bereich führte. Die gewaltigen Reparationszahlungen Frankreichs, 5 Milliarden Goldfranc, setzten zusätzliche wirtschaftliche Impulse. Sie finanzierten die Gründerzeit in hohem Maße.

Die Industrialisierung in Mitteleuropa brachte Bevölkerungszuwachs und Verstädterung mit sich. Beides verlief nach der Reichsgründung rasanter als in den Jahren zuvor. 1872 hatte Deutschland 40 Millionen Einwohner, dreißig Jahre später waren es bereits 56 Millionen. Kurz vor Ausbruch des Ersten Weltkrieges lebten schließlich 67 Millionen Menschen im Deutschen Reich. Die gestiegene Lebenserwartung und der Rückgang der Kindersterblichkeit hatten daran großen Anteil.

## Vom Gründerboom zum Gründerkrach

Im Zuge des Gründerbooms wurden ebenso viele Eisenhütten, Hochofenwerke und Maschinenfabriken gegründet wie in den sieben Jahrzehnten davor. Hinzu kamen unzählige mittelständische Unternehmen und Aktiengesellschaften, da seit 1870 die Konzessionspflicht für Aktiengesellschaften aufgehoben war. Die Gründung von Aktiengesellschaften wurde dadurch entscheidend erleichtert und unterlag nun einer weniger strengen Aufsicht. Allein in Preußen waren es über 500 Aktiengesellschaften.

2,8 Milliarden Mark aus privatem Kapitel wurden auf diese Weise in die Wirtschaft gepumpt. Traditionelle Industriezweige wie die Textil- und die Montanindustrie, die das Rückgrat der Wirtschaft gebildet hatten, gingen zurück, während die Metall verarbeitende und die chemische Industrie wuchsen. Die Schwerindustrie konnte sich vor Aufträgen kaum retten. Zum einheitlichen Binnenmarkt kam der Ausbau des Eisenbahnnetzes im Deutschen Reich.

Die Banken nahmen in dieser Phase eine Schlüsselrolle ein. Zwischen 1871 und 1873 entstanden über hundert Aktienbanken, die teilweise bis zu 20 Prozent Dividende zahlten. Die Börsen wurden zur Arena risikobereiter Spekulanten. Der unregulierte Finanzmarkt litt jedoch schon bald unter der Spekulationsbereitschaft und der Gier der Anleger. Kredite wurden langfristig vergeben und nur durch kurzfristig vorhandenes Kapital gedeckt. Die Börsen und Banken bewegten sich am Rande der Zahlungsunfähigkeit.

Der Aufschwung hatte jedoch auch Schattenseiten. Zu schnell änderte sich das Finanzwesen im Deutschen Reich, und eine allgemeine Überproduktion überschwemmte den Markt. Schnell stellte sich heraus, dass viele Aktien überbewertet waren, und die Finanzblase drohte zu platzen. Durch Tricks wie reißerische Zeitungsartikel wurden die Aktienkurse künstlich hochgetrieben und den Glücksrittern nahezu unbegrenzte Gewinne vorgegaukelt. Viele wussten die Gunst der Stunde zu nutzen und häuften innerhalb kurzer Zeit riesige Vermögen an. Angelockt von dieser Aussicht spekulierten aber auch viele Bürger, die mit den Gesetzmäßigkeiten der Börse nicht vertraut waren.

Obwohl auch im Deutschen Reich an der Börse zügellos spekuliert wurde, ging der sogenannte Gründerkrach von Österreich-Ungarn aus, das sich wirtschaftlich gerade erholt hatte. Österreich sah der Weltausstellung 1873 in Wien entgegen und wollte sich dort als fortschrittliches und modernes Land präsentieren. Die österreichische Politik ließ die Wirtschaft gewähren. In dieser Phase des Laisser-faire wurden ähnlich wie im Deutschen Reich zahlreiche Banken gegründet, ungedeckte Kredite vergeben, und es wurde wild spekuliert.

Der Börsenkrach begann mit starken Kursverlusten am 5. Mai 1873, als die zuvor erfolgreiche Franko-Ungarische Bank in Zahlungsschwierigkeiten geriet, obwohl sie wenige Tage zuvor noch eine Dividende von 12,5 Prozent versprochen hatte. Das zog weite Kreise. Noch während der Weltausstellung in Wien meldeten 120 börsennotierte Unternehmen Insolvenz an. Das zerstörte das Vertrauen in den Wertpapiermarkt und führte zu riesigen Kursverlusten. Hektisch räumten viele Bankkunden ihre Konten und entzogen dem Wertpapiermarkt aus Angst vor Wertverlusten damit mehr und mehr Kapital. Nahezu alle Banken verschwanden, und die Hälfte aller gerade erst gegründeten Aktiengesellschaften ging ein. Die Wiener Börse zog nun auch die internationalen Börsenplätze in Europa und Amerika mit in die Krise.

Im Oktober 1873 erreichte die Börsenkrise Berlin. Parallel dazu leistete Frankreich die letzten Reparationszahlungen dank einer internationalen Anleihe überraschend schnell, sodass in der Folge kein zusätzliches Geld aus Frankreich in die deutsche Industrie floss. Im Kern war die Krise keine wirtschaftliche Depression, sondern lediglich eine Stagnation, die das überhöhte Wachstum der Vorjahre ausglich. Sie dauerte in Europa bis 1879. Danach folgten Jahre schwankenden Wirtschaftswachstums, das von vielen Zeitgenossen nach wie vor als Wirtschaftskrise wahrgenommen wurde.

Wirtschaft und Gesellschaft des Deutschen Reiches steckten von 1873 bis 1879 in der Krise. Sie erfasste die verschiedenen Wirtschaftszweige zu unterschiedlichen Zeitpunkten und mit unterschiedlicher Heftigkeit. Vor allem waren der Maschinenbau, die Montanindustrie und das Baugewerbe betroffen. Die Produktion von industriellen Konsumgütern ging zunächst nur leicht zurück, um dann jedoch vollständig zu stagnieren, die Gewinne schrumpften, die Löhne wurden erheblich reduziert. Mitte der 1870er-Jahre erfasste die Krise auch die Landwirtschaft. Hier spielte vor allem das Entstehen eines globalen Getreidemarktes eine Rolle. In direkter Konkurrenz zum Zarenreich und zu den Vereinigten Staaten von Amerika waren deutsche Produkte bald selbst auf dem deutschen Binnenmarkt überteuert.

Die Kreditzinsen stiegen allgemein und brachten viele Unternehmen in Bedrängnis. Vor allem die Eisenbahngesellschaften litten darunter. Die zuvor florierende industrielle Produktion ging zurück, Lohnkürzungen und Entlassungen folgten. Damit war ein Rückgang des Konsums und der Nachfrage verbunden sowie zögerliche Investitionen. Viele Familien kämpften um ihre Existenz. Familientragödien und Selbstmorde waren die Folge. Die fast schon versiegte Auswanderung nach Amerika nahm in dieser Zeit wieder zu. Auch im kulturellen Bereich schlug sich die Krise nieder. Theatervorstellungen blieben leer, einige Theater mussten ganz geschlossen werden, sodass man im gesamten deutschsprachigen Raum auch von einer Theaterkrise sprach.

Erneut entbrannte die Diskussion darüber, wie stark der Staat in die Wirtschaft eingreifen darf oder sogar muss. Viele konservative Politiker forderten ein strikteres Vorgehen des Staates gegen rücksichtslose Spekulation. Das war der Beginn von Bismarcks Schutzzollpolitik, mit der er die deutsche Wirtschaft schützen wollte. Mit den Schutzzöllen auf Importgüter wie landwirtschaftliche Erzeugnisse, Rohstoffe, aber auch Fertigprodukte wollte Bismarck den deutschen Markt vor niedrigen Preisen ausländischer Produkte, vor allem vor dem billigen Getreide aus den Vereinigten Staaten und Russland, schützen. Das Preisniveau wurde somit künstlich hochgehalten und stabilisiert. Darüber hinaus wurden in den betroffenen Branchen Kartelle gebildet, die Preisabsprachen trafen, um dem Preisverfall entgegenzuwirken. Letztlich behinderten sie dadurch den Wettbewerb. Ein Aufwärtstrend der Wirtschaft blieb zudem aus. Auch entstanden Gewerkschaften und Interessenverbände der Arbeitnehmer auf der einen und Arbeitgeberverbände auf der anderen Seite. Beide Seiten versuchten auf die Regierung Druck auszuüben.

Die Gründerkrise hatte auch Auswirkung auf die Politik und das Parlament des Deutschen Reiches. Der Optimismus enthusiastischer Politiker, der vor allem durch die Ideen des Liberalismus entfacht worden war, wich einer pessimistischen Stimmung und verdrängte das liberale Gedankengut. Pessimismus und Misstrauen in die Wirtschaft riefen zudem Neid und Ressentiments in der Gesellschaft hervor. Der moderne Antisemitismus erhielt in dieser

# Frauen im Kaiserreich

Frauen waren in der Gesellschaft des Kaiserreiches den Männern klar untergeordnet. Das zeigte sich sogar im Bürgerlichen Gesetzbuch von 1900. Es räumte ein, dass der Mann das Oberhaupt der Familie war und familiäre Entscheidungen allein zu treffen hatte. Er entschied über die Erziehung der Kinder und auch über die Verwendung des gemeinsamen Familienvermögens.

Die rechtliche Benachteiligung der Frau entsprach dem bürgerlichen Bild, das sich im Laufe des 19. Jahrhunderts entwickelt hatte. Der Mann arbeitete außerhalb des Hauses und hatte dort auch seine sozialen Kontakte, während die Frau mit dem Haushalt und den Kindern beschäftigt war.

Die erwerbstätigen Frauen arbeiteten in traditionell »weiblichen« Branchen wie dem Textil- und Bekleidungsgewerbe. Sie waren Sekretärinnen, Telefonistinnen, Koloristinnen oder Verkäuferinnen. Junge Frauen aus ländlichen Gebieten konnten eine Anstellung als Dienstmädchen in großen bürgerlichen Haushalten finden.

An den 1880er-Jahren formierte sich eine Frauenbewegung im Kaiserreich. Angeführt wurde diese von Louise Otto-Peters, einer Revolutionärin von 1848. Ihr Ziel war es, die Bildungschancen der Frauen zu verbessern und ihre politischen Mitwirkungsmöglichkeiten zu erweitern. Die bürgerliche Frauenbewegung traf sich schließlich im 1894 gegründeten Bund Deutscher Frauenvereine, der die vielen regionalen Gruppen fortan unter seinem Dach vereinte. Vor Kriegsbeginn 1914 zählte er 250 000 Mitglieder. Eine weitaus kleinere Gruppe entschloss sich, vehement für das Frauenwahlrecht zu kämpfen, und gründete 1902 den Verein für Frauenwahlrecht. Das gleiche Ziel verfolgte die sozialdemokratische Frauenbewegung.

1908 erzielten die verschiedenen Vereinigungen ihren ersten großen Erfolg. Durch das Reichsvereinsgesetz war es Frauen nun zum ersten Mal gestattet, sich in politischen Vereinen und Parteien zu organisieren. Dennoch blieb die Politik eine Domäne der Männer. Ab 1899 hob Baden als erster deutscher Bundesstaat das Immatrikulationsverbot für Frauen an Hochschulen auf. Andere Bundesstaaten folgten bald. Die Frauen konnten sich nun an den Hochschulen einschreiben, erlebten aber auch dort eine Männerdomäne und stießen sehr häufig auf Diskriminierung und Ablehnung.

Zeit breiten Zulauf, da einige dem Judentum eine internationale Verschwörung vorwarfen und dieses für die Krise verantwortlich machten.

Das Misstrauen in die Wirtschaftspolitik der Liberalen zeigte sich auch in den Reichstagswahlen. Waren die Nationalliberalen im Jahr 1871 noch mit 125 Sitzen und 31 Prozent vertreten, konnten sie 1881 nur noch 47 Sitze und einen Stimmenanteil von 12 Prozent für sich verbuchen.

## Vereinheitlichungen im Kaiserreich

In der Gegenwart wird häufig die Einigung des Deutschen Reiches als Beispiel herangezogen, wenn über den Einigungsprozess Europas und die Aufgaben der Europäischen Union gesprochen wird. Tatsächlich weisen beide Vorgänge einige Parallelen auf. Am 9. Juli 1873 unterschrieb Kaiser Wilhelm I. eine Währungsreform, das sogenannte Deutsche Münzgesetz. Durch dieses Gesetz sollten die bis dahin in Deutschland existierenden unterschiedlichen Münzsysteme mit über hundert verschiedenen Währungen wie Taler, Groschen, Kreuzer, Gulden, Grote und Schillinge in ein festes Umtauschverhältnis zur Goldmark gebracht werden. Ab dem 1. Januar 1876 war dem Gesetz zufolge dann die Goldmark alleiniges Zahlungsmittel im Deutschen Reich. Unzählige andere Währungen wurden damit abgeschafft und die Währung innerhalb des Reiches vereinheitlicht. Bereits der Deutsche Zollverein und der Norddeutsche Bund hatten die Vereinheitlichung der Währungen in Deutschland gefördert und die zahlreichen regionalen Währungssysteme auf sieben reduziert, doch ein Durchbruch war damit noch nicht erzielt. Sie war lediglich eine Vereinfachung der Nominalen.

Neben der Vereinheitlichung der Währung wurden auch Maße und Gewichte vereinheitlicht und das Dezimalsystem als allgemein verbindlich eingeführt. Grundlage war das bereits im Jahr 1800 in Frankreich beschlossene metrische System, das einen Meter als ein Vierzigmillionstel des Erdumfangs definierte – in Paris befindet sich der »Urmeter«, ein Platinlineal, an dem die Maßeinheit fixiert ist. Ein Liter wurde als Inhalt eines Kubikdezimeters festgelegt. Darauf baute das Kilogramm auf, das als Gewicht von einem Liter Wasser definiert wurde. Diese Vorgaben wurden am 16. April 1871 per Reichsgesetz übernommen und am 1. Januar 1872 in denjenigen deutschen Staaten, in denen bis dahin andere Maßeinheiten gegolten hatten, verbindlich.

Die oberste Befehlsgewalt über das gesamte deutsche Heer und die Kriegsmarine hatte der Kaiser. Nur Bayern bildete hier eine Ausnahme – das bayerische Heer befehligte der Kaiser nur im Kriegsfall. Die Verfassung räumte dem Kaiser darüber hinaus das Recht ein, das Heer auch für polizeiliche Aufgaben einzusetzen. Die enge Verbundenheit von Monarchie und Militär spiegelte sich in dem von Adligen geprägten Offizierskorps wieder.

Das Heer genoss im Kaiserreich großes Ansehen und war als Identifikationsfaktor tief in der Gesellschaft verwurzelt. Auch die Integration der mehrheitlich katholischen Süddeutschen in das protestantisch dominierte Reich ging auf diese Weise leichter vonstatten.

Von großer Bedeutung für die Entwicklung von Wirtschaft und Industrie war der Ausbau alter und die Schaffung neuer, moderner Verkehrswege. Gerade durch die Eisenbahn wurde die Transportkapazität wie auch die Transportgeschwindigkeit innerhalb des Reiches enorm erhöht. Bereits 1850 gab es auf dem Gebiet des späteren Deutschen Reiches ein Streckennetz von 11 326 Kilometer Länge. Im folgenden Jahrzehnt kamen noch einmal 9000 Kilometer dazu. Nach der Reichsgründung verdreifachte sich das Streckennetz aber bis ins Jahr 1910 hinein auf insgesamt 61 000 Kilometer. Bereits im Mai 1871 war es daher notwendig, die erste deutsche Fahrplankonferenz einzuberufen, die den Bahnverkehr vereinheitlichte und regulierte.

Auch die Binnenschifffahrt erlebte einen Aufschwung und war neben der Eisenbahn das zweitwichtigste Transportmittel. Die zentrale Rolle spielten die Nordseehäfen von Hamburg und Bremen, wobei sich Hamburg den Nimbus als »Deutschlands Tor zur Welt« erkämpfte, und der größte Binnenhafen der Welt in Duisburg, der durch die Zusammenlegung der drei Städte Meiderich, Ruhrort und Duisburg und deren Häfen entstand.

# Sedantag und Reichsgründungstag

Bereits im Herbst 1870, kurz nach der siegreichen Schlacht bei Sedan, wurde ein nationaler Gedenktag diskutiert. Der Bremer Pfarrer Jacob Kradolfer schlug daher die Einführung des »Sedantages« vor. Er wollte die Euphorie des historischen Moments festhalten. Der Tag sollte daher nicht nur an die Schlacht, sondern vor allem an den Jubel danach erinnern. Religiösität und Nationalgefühl gingen in dieser Diskussion eine Symbiose ein. Der Berliner Jurist Franz von Holtzendorff griff den Vorschlag Kradolfers auf und forderte einen Tag des Gedenkens an den großen Schlachtensieg, der auch ein Tag des Gebets und der nationalen Andacht sein sollte. Ihm schwebte die Etablierung eines Feiertages vor, der sich an den US-amerikanischen Independence Day, der alljährlich am 4. Juli gefeiert wird, anlehnen sollte. Ihm schwebte kein Kirchenfest, sondern ein überkonfessionelles Volksfest vor, das die Menschen aller Religionen und Ethnien in Deutschland vereinen würde.

Daher wurde der 18. Januar 1871 nicht, wie man vielleicht erwarten würde, zum Nationalfeiertag des Kaiserreiches. Doch zunächst gab es in der Folge der Reichsgründung 1871 vermehrt Stimmen, die die Erhebung des 18. Januar zu einem ebensolchen forderten. Die vereinte Nation sollte einen gemeinsamen Feiertag haben, um der Einheit der Nation zu Gedenken. Doch Kaiser Wilhelm I. lehnte bereits im Frühjahr 1871 eine entsprechende Petition ab. Durch und durch Preuße, wollte er es vermeiden, die Einheit der deutschen Nation an jenem Tag zu feiern, an dem die erste preußische Königskrönung stattgefunden hatte, die er nicht in den Schatten des Deutschen Reiches und der Kaiserproklamation gestellt sehen wollte.

Mehrere Alternativen wurden diskutiert, darunter auch der Tag der Völkerschlacht bei Leipzig oder jener des Friedensschlusses von Frankfurt am 10. Mai 1871. Schließlich einigte man sich auf den 2. September – durch die Kapitulation Napoleons III. bei Sedan war dieser Tag eng mit der Reichsgründung verbunden. Ab 1872 wurde in einzelnen Städten der Sedantag gefeiert. In den nächsten Jahren wurde er immer populärer, jedoch nie offizieller Nationalfeiertag.

Die inhaltliche Ausrichtung des Sedantages war aber für einige Zeit weiter ein Streitpunkt. Protestantische Kirchenverbände wiesen daraufhin, dass die Idee zu diesem Tage aus ihrem Lager gekommen war und dass der Tag einen besinnlichen Charakter haben sollte. Ihrer Meinung nach sollte der Sedantag gesitteter Bet- und Gedenktag sein. Für Kaiser Wilhelm I. aber war er in erster Linie ein Ehrentag der preußischen Armee und wurde daher in militärischer Art und Weise gefeiert. Ab 1890 erlebte der Tag zudem eine inhaltliche Wandlung, die damit zusammenhing, dass mit Kaiser Wilhelm II. eine neue Generation hervortrat. Wilhelm II. sah sich vor allem als Kaiser und nicht in erster Linie als preußischer König. Er stellte die nationale Komponente des Tages heraus, legte den Schwerpunkt auf die Reichseinigung und die Mythologisierung seines Großvaters.

Der Reichsgründungstag war kein offizieller Feiertag im Kaiserreich, dennoch wurden alljährlich am 18. Januar Festlichkeiten abgehalten und so wurde der Kaiserproklamation im Schloss zu Versailles gedacht. Auf den zentralen Veranstaltungen in Berlin und anderen großen Städten sowie bei kleineren lokalen Feiern wurden patriotische Reden gehalten, und es wurde die inoffizielle Nationalhymne, das »Heil Dir im Siegerkranz«, gesungen.

Nach dem Ende des Kaiserreiches und zum 50. Jubiläum der Reichsgründung im Jahr 1921 machte sich vor allem an den deutschen Hochschulen der Wunsch breit, die Reichsgründung weiterhin zu feiern. Der Reichsgründungstag sollte dabei vor allem dem Wunsch der Regierung entgegenwirken, mit dem Verfassungstag einen republikanischen Feiertag zu etablieren. Die Tradition erhielt sich bis ins Dritte Reich an den

Hochschulen, die Weimarer Republik jedoch schaffte den Reichsgründungstag offiziell ab, da sich die neue Weimarer Republik nicht in die Tradition des Kaiserreiches stellen konnte und wollte. Inoffiziell gab es jedoch immer noch am 18. Januar vereinzelt Feiern, die der Reichseinigung gedachten, so sehr war dieser Tag im Bewusstsein der Bevölkerung verwurzelt. Im Jahr 1931, zum 60. Jubiläum der Reichsgründung, hielt Reichspräsident Hindenburg es für notwendig, den Reichsgründungstag feierlich zu begehen. Nach der Wahl Hindenburgs 1925 hatten die Deutsche Volkspartei (DVP) und die Deutschnationale Volkspartei (DNVP) einen Antrag auf Einführung des Reichsgründungstages als offizieller Nationalfeiertag gestellt, der jedoch vom Parlament abgelehnt wurde.

Das Dritte Reich erhob den Sedantag wieder zum Feiertag, hielt aber auch Feiern zur Reichsgründung ab. Schließlich stellte man sich mit der Bezeichnung »Drittes Reich« in die Tradition des Alten Reiches und des Kaiserreiches. Sowohl die Bundesrepublik als auch die DDR legten den Brauch des Sedantages offiziell ab. Nach 1945 spielte der Sedantag keine Rolle mehr, da beide Staaten in einer anderen politischen Tradition standen, und vor allem die Bundesrepublik war auf Versöhnung mit Frankreich aus.

## Militarismus im Kaiserreich

Spätere Historiker urteilten, das Deutsche Reich sei »auf den Schlachtfeldern in Frankreich entstanden« oder »mit Blut und Eisen« geschaffen worden. Daher ist es nicht verwunderlich, dass der Einfluss des Militärs auf Kultur und Gesellschaft des Kaiserreiches sich durch alle Schichten zog. Entstanden war dies vor allem durch die drei gewonnenen Reichseinigungskriege, die dem Militär in der Gesellschaft enormes Prestige verschafft und seine exklusive Stellung als »erster Stand im Staate« nachhaltig gefestigt hatten. Kritische Stimmen vor allem in Süddeutschland aufgrund der brutalen und wütenden Vorgehensweise preußischer Truppen im Jahr 1849 verstummten und machten einer regelrechten »Militärfrömmigkeit« Platz.

Das Militär beeinflusste sogar das Privatleben vieler Deutscher im militärischen Geist. Ein forscher, befehlsartiger Ton und zackiges, leicht arrogantes Auftreten waren allgegenwärtig. In Kinderzimmern stapelte sich Kriegsspielzeug wie Zinnsoldaten oder später Bausätze der kaiserlichen Marine, und der Matrosenanzug für die Kleinsten war groß in Mode. Im Alltagsleben nahm die Bewunderung für das Militär nahezu groteske Züge an. Man trank aus Tassen und aß von Tellern, die mit Symbolen der Waffengattungen, Kriegsszenen oder den Porträts der Hohenzollern verziert waren. Die Haushalte waren geschmückt mit Miniaturen von Burgen, Regimentern, Denkmälern und Kanonen.

Das setzte sich in der Schule fort, in der sich die Lehrer weniger als Pädagogen denn als strenge Zuchtmeister verstanden – Gehorsam und Fleiß standen im Vordergrund. Das Aufstehen, wenn der Lehrer den Raum betrat, musste »mit einem einzigen Ruck klappen wie ein Bataillonstritt bei der Parade«, hieß es 1914 in einem »Lexikon der Pädagogik«. Im Gänsemarsch sollten die Schüler zur Pause das Klassenzimmer verlassen, um im Pausenhof zwei und zwei zusammen auf- und abzumarschieren.

Es entstand die populäre Vorstellung, dass das Militär einen Jungen erst zum Manne mache. Individualität war dabei nicht gewünscht, es zählte das gehorsame Kollektiv. Dazu kam die körperliche Ertüchtigung, die aus den Jungen soldatische Naturen machen sollte. Von besonderer Bedeutung war die Einführung des

# Der Hauptmann von Köpenick

Im Oktober 1906 ereignete sich eine wahre Geschichte, die den Militarismus des Kaiserreiches nur allzu deutlich herausstellte, weil sie ihn karikierte und bis ins Detail ironisierte.

Der aus Tilsit stammende Schustergeselle Wilhelm Voigt wurde 1849 geboren und bereits in jungen Jahren wegen Diebstahls und Urkundenfälschung verurteilt. Nachdem er einige Zeit im Gefängnis verbracht hatte und arbeitslos war, zog Voigt zu seiner älteren Schwester nach Rixdorf bei Berlin.

Für seinen als »Köpenickiade« bekannt gewordenen Coup hatte er sich bei verschiedenen Trödlern Einzelteile einer Hauptmannsuniform zusammengekauft, die er nun anzog. In dieser Verkleidung beabsichtigte er nun, den herrschenden Militarismus und die Unterwürfigkeit gegenüber einer militärischen Autorität für seine Zwecke zu nutzen. Als Hauptmann verkleidet hielt er im Westen Berlins eine Gruppe Gardesoldaten an und unterstellte zehn Mann auf einen nicht existierenden Kabinettsbefehl hin seinem Kommando. Er fuhr mit den Soldaten nach Köpenick, bezahlte ihnen ein Mittagessen und ein Bier und gab bekannt, dass er den Bürgermeister verhaften lassen werde. Danach marschierte er mit seinen Soldaten zum Köpenicker Rathaus, besetzte das Gebäude und verhaftete im Namen des Kaisers den Bürgermeister sowie den Oberstadtsekretär. Danach ließ Voigt das Geld der Stadtkasse beim örtlichen Postamt abheben und zu sich bringen. Der falsche Hauptmann wies seine Soldaten an, das Rathaus noch eine weitere Stunde besetzt zu halten, und verschwand mit dem Geld. Voigt wurde allerdings zehn Tage später festgenommen, da ihn ein ehemaliger Zellnachbar, der seine Pläne kannte, verraten hatte.

Der Vorfall sorgte für großen Aufruhr in den Zeitungen. Ganz Deutschland schmunzelte über den Streich des »Hauptmanns von Köpenick«. Sogar Kaiser Wilhelm II. war amüsiert. Er soll angemerkt haben: »Da kann man sehen, was Disziplin heißt. Kein Volk der Welt macht uns das nach.« Vor allem die wenigen pazifistischen Blätter gossen nun Öl ins Feuer. Der bedingungslos geleistete Gehorsam der Soldaten zeigte, wohin sinnlose und rechtswidrige Befehle führen können. Das System der militärischen Disziplin wurde von einem Menschen ad absurdum geführt, der sich Befehlsgewalt durch den Diebstahl einer hochrangigen Uniform angeeignet hatte.

Voigt wurde mit diesem Geniestreich weltberühmt. Nach seiner Haftentlassung kam es in Rixdorf zu einem riesigen Menschenauflauf. In Köpenick wurde vor dem Rathaus ein Denkmal errichtet, die Zeitungen berichteten, und ein Theaterstück wurde die Grundlage mehrerer Verfilmungen der Geschichte.

Reserveoffiziers, der wie kein anderer die militärischen Gepflogenheiten in den Alltag der Gesellschaft brachte. Er funktionierte vor allem als Bindeglied zur bürgerlichen Gesellschaft und trug dazu bei, militärische Verhaltensmuster und Werte populär werden zu lassen.

Hinzu kamen die unzähligen Kriegervereine, die zunächst nur von Veteranen getragen waren, sich später aber auch jenen öffneten, die nicht an den Reichseinigungskriegen teilgenommen hatten. Sie erlebten in der Kaiserzeit einen starken Zustrom. Der Dachverband, der sogenannte Kyffhäuserbund, umfasste 32 000 Vereine mit und 2,8 Millionen Mitgliedern. Sie wirkten mit Paraden und Aufmärschen in die Zivilgesellschaft, aus der sie stammten, und weckten mit Musik und bunten Uniformen eine in Deutschland zuvor unbekannte Militärbegeisterung. Gegenstimmen gab es kaum. Pazifisten wurden verachtet und erhoben nur ihre Stimme, wenn sie gesellschaftlich und finanziell abgesichert waren. Ansonsten wäre dies der sichere Schritt in Richtung gesellschaftlicher Ächtung und Isolation gewesen.

Angeregt durch das 1889 erschienene Antikriegsbuch »Die Waffen nieder« von Bertha von Suttner gründete der junge Journalist Alfred Fried 1892 zusammen mit einigen Abgeordneten der Freisinnigen Partei und dem populären Schriftsteller Friedrich Spielhagen eine Friedensbewegung. Doch der Einfluss der »Friedensschwärmer«, wie die Mitglieder der »Deutschen Friedensgesellschaft (DFG)« genannte wurden, blieb denkbar gering. Bei nur 10000 Mitgliedern am Vorabend des Ersten Weltkrieges verschwindet diese Zahl angesichts der Massen, die in den Kriegsvereinen organisiert waren.

# Konsolidierung einer »verspäteten Nation«

Der deutsche Philosoph und Soziologe Helmuth Plessner bezeichnete das Deutsche Reich 1959 als »verspätete Nation«. Es versuchte innerhalb kurzer Zeit den gleichen Status und das gleiche internationale Gewicht zu erreichen wie die Weltmächte Frankreich und England. Hierzu gehörten eigene Kolonien, eine Hochseeflotte und vor allem die Industrialisierung. Es gelang dem Deutschen Reich, die Stahl- und Rüstungsindustrie anzukurbeln und innerhalb weniger Jahre tatsächlich einen Platz als Weltmacht einzunehmen.

## Hochindustrialisierung im Kaiserreich

Die verspätete Industrialisierung basierte in Deutschland nicht auf der Textilindustrie wie in England, sondern auf der Montanindustrie und in den ersten Jahren auch auf dem Eisenbahnbau. Bis zum Ersten Weltkrieg entwickelte sich Deutschland zur größten Industrienation Europas und überflügelte damit sogar England. Nach der Gründerkrise wuchs die deutsche Wirtschaft schneller und stärker als die britische. Um sich vor der deutschen Wirtschaftskraft zu schützen, begann man sich in Großbritannien mit der Kennzeichnung ausländischer Ware gegen vermeintlich minderwertige Produkte zu schützen. Am 23. August 1887 wurde das Handelsmarkengesetz erlassen, wodurch fortan alle Waren aus Deutschland mit »made in Germany« zu kennzeichnen waren. Doch aus der Diffamierung entwickelte sich ein Gütesiegel. Innerhalb weniger Jahre wurde diese Kennzeichnung zu einem Zeichen für Qualität. Maschinen, Arzneimittel, optische Geräte und Textilien »made in Germany« erfreuten sich weltweit des besten Rufes.

Millionen Menschen zogen vom Land in die neuen industriellen Zentren. Das Ruhrgebiet erlebte einen starken Zustrom, ebenso Berlin, Oberschlesien, das Saarland und Lothringen sowie der thüringisch-sächsische Raum. Dem rasant gestiegenen Energieverbrauch wurde durch den Abbau von Stein- und Braunkohle entsprochen. Insbesondere das Ruhrgebiet zog Arbeitskräfte aus anderen Teilen Deutschlands und aus Polen an, die es auch benötigte. Konzerne wie Krupp entwickelten sich zu den größten Unternehmen dieser Art weltweit und zur bedeutendsten Rüstungsschmiede des Deutschen Reiches.

Die Zusammenarbeit von Industrie und Wissenschaften brachte Innovationen hervor, die Deutschland wissenschaftlich und ökonomisch an die Weltspitze führten.

## Der Kulturkampf

Eines von Bismarcks innenpolitischen Zielen bestand darin, den Einfluss der Zentrumspartei, der Vertretung des politischen Katholizismus, zurückzudrängen. Mit der Gründung des Deutschen Reiches gewann der politische Katholizismus an Bedeutung. Durch die Gründung der Zentrumspartei gelang es ihm, sich reichsweit zu etablieren. Schon nach den ersten Reichstagswahlen bildete das Zentrum neben den Nationalliberalen die zweitstärkste Fraktion.

Bismarck sah eine Gefahr für die innere Ordnung »seiner Schöpfung« vom Zentrum ausgehen, da sich das Zentrum von den bisherigen bürgerlich-liberalen Honoratiorenparteien dadurch unterschied, dass es breite Kreise der Wählerschaft auch aus unteren Volksschichten ansprach und als Protestpotenzial zu organisieren vermochte. Als schichten- und klassenübergreifende Bewegung konkurrierte es mit Bismarcks personalplebiszitärer Herrschaftstechnik, die auf die Mobilisierung gerade der konservativen und königstreuen Teile der Bevölkerung gegründet war. Daneben spielte sicherlich auch eine Rolle, dass Bismarck die Liberalen, die in der Haltung dem Zentrum gegenüber mit ihm übereinstimmten, an sich binden wollte. Überdies wollte er die strikte Trennung von Staat und Kirche herbeiführen und den Einfluss des Papstes auf das Zentrum zurückdrängen. Die Liberalen behaupteten, dass das Zentrum vom Vatikan gesteuert werde, also von *ultra montes* – »jenseits der Berge« – seine Weisungen erhalte, und nur diesem gegenüber loyal sei.

Nachdem Bismarcks Versuch fehlgeschlagen war, den Vatikan zu einer Distanzierung vom Zentrum zu bewegen, entfesselte er im Sommer 1871 eine Pressekampagne gegen die sogenannten Ultramontanisten. Täglich lasen die Katholiken nun in allen Provinzblättern, dass sie unpatriotische Landesfeinde und Romhörige seien. Der Reichskanzler setzte sich zudem zum Ziel, mit Gesetzen und Bürokratie gegen das Zentrum vorzugehen. Geistlichen wurde unter der Androhung von Haftstrafen durch den Kanzelparagraf verboten, politisch zu predigen. Bismarck sah sich nun bestärkt und verschärfte den Konflikt. Sein nächstes Ziel war ein Schulaufsichtsgesetz, das den Einfluss beider christlicher Konfessionen auf die Schulen ausschalten sollte und dem die Konservativen schließlich zustimmten, nachdem Bismarck das Zentrum öffentlich als »reichsfeindlich« denunziert hatte.

Den Anlass zum sogenannten Kulturkampf lieferte schließlich die Ernennung von Prinz Gustav von Hohenlohe-Schillingsfürst zum deutschen Gesandten am Heiligen Stuhl. Der Vatikan lehnte diese Nominierung strikt ab, da Hohenlohe-Schillingsfürst das Unfehlbarkeitsdogma angezweifelt hatte. Bismarck nutzte die ablehnende Haltung des Vatikans und verkündete im Reichstag, dass er »nicht nach Canossa gehen werde«. Die diplomatischen Beziehungen zum Vatikan wurden abgebrochen und 1873 die Maigesetze verabschiedet. Sie stellten die katholische Kirche in Deutschland fast vollständig unter die Kontrolle des Staates. Kirchliche Versammlungen wurden streng überwacht und staatliche Zuwendungen an die Kirche eingestellt. Katholische Theologen mussten ein staatliches Examen ablegen, Neubesetzungen in der Kirche sollten über den Staat erfolgen, und 1875 führte Bismarck die Zivilehe ein. Damit hob er das alleinige Recht zur Eheschließung der Kirche auf.

Bismarcks Maßnahmen zeigten zumindest insoweit Erfolg, als beispielsweise im Jahr 1878 in den zwölf Bistümern Preußens nur noch drei Bischöfe im Amt waren, ein Viertel aller Pfarreien blieb unbesetzt. Doch Bismarck hatte die Widerstandskraft der katholischen Kirche unterschätzt. Sein Versuch, einen Keil zwischen Rom und die Gläubigen in Deutschland zu treiben, scheiterte und schweißte die deutschen Katholiken nur noch enger zusammen. Die Unterdrückung der katholischen Kirche führte eher zu einer verstärkten Identifikation mit dem Papst und zu etlichen Protestbekundungen.

Passiver Widerstand und ziviler Ungehorsam gehörten zum Alltag vieler katholischer Geistlicher. Von den nationalen Feiertagen blieben sie fern und weigerten sich, auch die schwarz-weißrote Fahne zu hissen. Die Solidarität unter den Katholiken zeigte sich deutlich bei den Reichstagswahlen der Jahre 1877 und 1878. Die katholische Zentrumspartei erhielt jeweils so viele Stimmen, dass sie als zweitstärkste Fraktion in den Reichstag einzog. Bismarck erkannte, dass seine Politik fehlgeschlagen war. Sein Kurswechsel wurde durch den neuen Papst Leo XIII. erleichtert. Er signalisierte Bismarck Verständigungsbereitschaft. Bismarck reagierte mit drei Milderungsgesetzen, die bis 1883 in Kraft traten, und nahm die Gesetze gegen den Katholizismus wieder zurück. 280 Geistliche wurden daraufhin begnadigt. Schließlich führte der Schiedsspruch Leos XIII. in einer deutsch-spanischen Streitfrage im Jahr 1885 dazu, dass Bismarck den Vatikan als Souverän anerkannte. Der Kulturkampf wurde weiterhin entschärft und mit einer Friedenserklärung des Papstes im Jahr 1887 beendet.

## Bismarcks Kampf gegen die Sozialdemokratie

Durch seine Annäherung an die Zentrumspartei konnte Bismarck eine neue Mehrheit im Reichstag bilden, die er nutzen wollte, um gegen die Sozialdemokraten vorzugehen, die er zur größten Gefahr für die Gesellschaft stilisierte. Bismarcks Sorge um die von ihm vertretene konservative Politik beruhte auf dem Aufkommen politischer Organisationen und Verbände der Arbeiterschaft, die seine politischen Ansichten nicht teilten und an politischem Einfluss gewannen.

In Bürgertum und Adel herrschte große Angst vor revolutionären Tendenzen. Die ihnen an Zahl überlegene Arbeiterschaft besaß kaum politisches Mitspracherecht. Umso größer war die Furcht vor einem Zusammenschluss der Arbeitermassen. Als 1878 zwei Attentate auf Kaiser Wilhelm I. verübt wurden, lieferte das Bismarck einen willkommenen Anlass zu handeln. Er lastete die Attentate der Sozialistischen Arbeiterpartei (SAP) an, obwohl der erste Attentäter gerade aus dieser Partei ausgeschlossen worden war und der zweite ein psychisch gestörter Einzeltäter war. Mit seinen Behauptungen gelang es Bismarck, die Revolutionsangst im bürgerlich-konservativen Lager anzuheizen. Schließlich verabschiedete der Reichstag am 19. Oktober 1878 das »Gesetz gegen die gemeingefährlichen Bestrebungen der Sozialdemokratie«. Das sogenannte Sozialistengesetz verbot sozialistische Parteien, Versammlungen, Organisationen und Druckschriften.

Bismarck war damit seinem Ziel einen bedeutenden Schritt näher gekommen. Der zunehmende Einfluss der Arbeiterbewegung in Politik und Gesellschaft sollte mit allen staatlichen Mitteln ausgeschaltet werden.

Innerhalb von zwölf Jahren wurden über 1300 Pamphlete und Druckerzeugnisse sowie über 330 Organisationen und Gewerkschaftsverbände verboten, darunter die SAP, das politische Sprachrohr der Arbeiterschaft. Darüber hinaus wurden über tausend Personen verhaftet und in die Emigration gezwungen. Gleichzeitig versuchte Bismarck mit seiner Sozialgesetzgebung, der Arbeiterbewegung den Wind aus den Segeln zu nehmen. Viele von deren Forderungen wie die Einführung einer Kranken- und Unfallversicherung setzte er um. Doch mit Gesetzen und durch Verfolgung konnte die noch junge Arbeiterbewegung in Deutschland nicht aus der Welt geschafft werden, im Gegenteil: Je größer der Druck, desto stärker wurde die Arbeiterbewegung. Im Ergebnis bewirkte das Sozialistengesetz eine Stärkung des Klassenbewusstseins der Arbeiter.

Auch das Sozialistengesetz führte – wiederum ähnlich wie im Kulturkampf – zu einer Verbitterung in der Bevölkerung gegenüber dem Staat im Allgemeinen und der Person Bismarck im Besonderen. Es entstand gewissermaßen eine sozialdemokratische Subkultur im Verborgenen, die von keiner staatlichen Maßnahme auszulöschen war. So gelang es Bismarck daher nicht, die Sozialdemokratie mit dem bis zu seinem Abtritt immer wieder verlängerten Sozialistengesetz zu zerschlagen. Dazu kam die paradoxe Situation, dass die Sozialistische Arbeiterpartei zwar durch das Sozialistengesetz seit 1878 verboten war, die Fraktion

# Bismarcks Sozialgesetzgebung

Der sich abzeichnende Fehlschlag mit dem »Gesetz gegen die gemeingefährlichen Bestrebungen der Sozialdemokratie« veranlasste Bismarck, die zweite Variante seines Konzeptes gegen die Sozialdemokratie in die Tat umzusetzen. Er versuchte mit Sozialreformen, der Sozialdemokratie die politische Grundlage zu entziehen.

Die nun folgenden Reformen sollten die Arbeiter gegen die Sozialdemokratie immunisieren und die Partei von ihrer Basis abschneiden. Zugleich hoffte Bismarck durch diese Maßnahmen die Loyalität der Arbeiterschaft für das Kaiserreich zu gewinnen.

Das sozialpolitische Reformwerk der 1880er-Jahre wurde nicht in einem Stück, sondern nach und nach auf den Weg gebracht. Nachdem Kaiser Wilhelm I. 1881 im Reichstag in der sogenannten Kaiserlichen Botschaft verkündet hatte, dass der Reichstag Gesetze zur finanziellen Absicherung der Arbeiter gegen Krankheit, Unfahl, Invalidität und Alter erlassen solle, machte 1883 das »Gesetz betreffend die Krankenversicherung der Arbeiter« den Anfang. Ein Jahr später wurde das Gesetz zur Unfallversicherung erlassen und 1889 schließlich die Alters- und Invalidenversicherung eingeführt.

Das Ergebnis war ein für die damalige Zeit verhältnismäßig fortschrittliches System der Sozialversicherung. Doch auch damit erreichte Bismarck sein Ziel nicht. Er schwächte weder die Sozialdemokratie noch »beruhigte« er die Arbeiterschaft. Letzteres lag vor allem daran, dass die Sozialversicherungsleistungen zwar die Situation der Arbeiter milderte, die Probleme und Risiken der Arbeiterexistenz wurden damit jedoch nicht beseitigt. Insofern war es auch illusorisch, dass sich die Arbeiter dem Kaiserreich loyal verbunden sahen. Ihr politisches Sammelbecken blieb weiterhin die Sozialdemokratie, die für sie einzig wahre politische Organisation. Durch die Kombination von Repression und Sozialreform wurde die Anziehungskraft der Sozialdemokratie auf die Arbeiterschaft eher noch gestärkt und nicht, wie von Bismarck erhofft, geschwächt.

der Partei aber weiterhin im Reichstag saß, da die Politiker durch Personenwahl in das Parlament kamen. Es gelang der Partei sogar, bis ins Jahr 1890 hinein die Zahl ihrer Sitze zu verdreifachen. Mit Bismarcks Entlassung im gleichen Jahr schwand auch der Kampf gegen die Sozialdemokratie. Der neue Kaiser Wilhelm II. war auf Versöhnung mit der Arbeiterschaft aus und verlängerte das Gesetz nicht. Das führte dazu, dass die Sozialistische Arbeiterpartei (SAP) sich 1890 neu gründete – als Sozialdemokratische Partei Deutschlands (SPD).

## Bismarcks Außenpolitik

Mit der Reichsgründung hatte sich das Kräfteverhältnis in Europa verändert. Durch den Sieg über Frankreich wurde Deutschland zur stärksten Militärmacht Europas. Bismarck fiel dabei die Aufgabe zu, das Reich in das europäische Mächtegleichgewicht zu integrieren. Da die geopolitische Lage mitten in Europa die Gefahr barg, dass sich die umliegenden Mächte gegen das Deutsche Reich verbünden, ging Bismarck wechselnde Bündnisse ein. Das oberste Ziel war dabei, das auf Revanche sinnende Frankreich zu neutralisieren.

Oberste Priorität hatte daher für Bismarck, ein Bündnis der Verlierer der Reichseinigungskriege von 1866 und 1871, Österreich und Frankreich, gegen das Deutsche Reich zu verhindern. Bismarck bemühte sich daher sehr um ein Bündnis mit Kaiser Franz Joseph I. und Zar Alexander II. Die beiden Monarchen unterzeichneten bereits im Juni 1873 eine Militärkonvention, der Wilhelm I. im Oktober desselben Jahres beitrat. Das Dreikaiserabkommen war geschlossen. Die drei Monarchen verpflichteten sich, im Angriffsfall zunächst gemeinsam zu beraten und sich dann auf eine außenpolitische Linie zu einigen. Dadurch gelang es Deutschland, ein Bündnis zwischen Frankreich und Österreich oder Frankreich und Russland vorläufig zu verhindern.

Doch schon bald gab es Spannungen zwischen Österreich und Russland infolge der Balkankrise von 1876 bis 1878, während der Russland die Aufständischen im europäischen Teil des Osmanischen Reiches unterstützte. Nach dem Berliner Kongress von

1878, bei dem über die Balkanstaaten verhandelt wurde, verschlechterten sich auch die Beziehungen zwischen Russland und Deutschland. Russland zeigte sich unzufrieden und kündigte das Dreikaiserabkommen seinerseits, da es seine Ordnungsvorstellungen für Osteuropa nicht durchsetzen konnte und zudem sein altes Ziel, direkten Zugang zum Mittelmeer, nicht erreichte.

An die Stelle des Dreikaiserabkommens trat 1879 der Zweibund zwischen Österreich und Deutschland. Beide Staaten verpflichteten sich zur Neutralität im Falle eines Angriffs von einem der beiden auf einen anderen Staat und zu militärischem Beistand, sollten sie selbst angegriffen werden.

Russland fühlte sich in Europa zunehmend isoliert und suchte 1881 ein neues Bündnis mit Österreich und dem Deutschen Reich. Die drei Mächte bildeten nun das Dreikaiserbündnis, das ein Jahr später durch den Dreikaiservertrag erweitert wurden. In diesem Vertrag verpflichteten sich die drei Kaiser, keine weiteren Bündnisse einzugehen, die gegen einen von ihnen gerichtet sein könnten. Zudem beschlossen sie eine weitgehende politische und wirtschaftliche Zusammenarbeit. 1882 erweiterten Österreich und das Deutsche Reich den Zweibund mit der Aufnahme Italiens zum Dreibund und hofften damit auf eine weitere Stabilisierung des Friedens in Europa, da es Frankreich nun vollständig unmöglich war, ein Bündnis gegen Deutschland einzugehen, geschweige denn es anzugreifen.

## Deutsche Kolonialpolitik

Der Erwerb von Kolonien galt den Nationalstaaten als legitimer und notwendiger Schritt, um im Konkurrenzkampf mit den anderen Mächten zu bestehen. Doch Bismarck war lange Zeit anderer Meinung. Als die französische Regierung bei den Friedensverhandlungen im Frühjahr 1871 Kolonialbesitz in Ostasien anbot, wenn das Deutsche Reich auf eine Annexion von Elsass und Lothringen verzichtete, lehnte der Reichskanzler ab. Bis in die 1880er-Jahre hatte Bismarck dem Drängen nach überseeischen Erwerbungen stets eine Absage erteilt. Sein Interesse galt vielmehr der Einbindung Deutschlands in das europäische Kräftegleichgewicht. Doch nun änderte sich dies mit der Abkehr vom Freihandel und dem Übergang zur Schutzzollpolitik im Jahr 1879. Erst jetzt entstand, von Industrie und Wirtschaft gefördert, eine koloniale Bewegung im Deutschen Reich. Im Dezember 1882 wurde von führenden Wirtschaftsköpfen der Deutsche Kolonialverein gegründet, woraufhin Bismarck in den Jahren 1883 bis 1885 das Deutsche Reich zur Schutzmacht mehrerer Gebiete in Afrika sowie im Pazifischen Ozean erklärte.

Die weltpolitische Gegensätze zwischen Russland und England im Nahen Osten sowie in Asien, die Rivalität zwischen Frankreich und England in Nordafrika und im Kongo führten zu schweren Spannungen zwischen den europäischen Kolonialmächten und lenkten von den deutschen Vorstößen ab. 1884 stellte das Deutsche Reich die vom Bremer Kaufmann Adolf Lüderitz erworbenen Gebiete in Südwestafrika unter seinen »Schutz«. Bald darauf wurden Togo und Kamerun ebenfalls Schutzgebiete. Ein Jahr später folgte Deutsch-Ostafrika. Im Mai 1885 war die erste Phase deutscher Kolonialpolitik abgeschlossen. Allerdings sah Bismarck die Kolonien lediglich als Handelsstationen. Anders betrachtete es der Deutsche Kolonialverein, der den Besitz von Kolonien in Übersee als bedeutenden Schritt auf dem Weg zu deutscher Weltgeltung propagierte. Nur so, davon war der Verein überzeugt, konnte das Deutsche Reich im Konzert der Großen mitspielen.

Publizisten, Politiker, Militärs und Unternehmer schlossen sich in Kolonialvereinen zusammen und bildeten eine einflussreiche Lobby. Sie träumten von einem »Platz an der Sonne« für Deutschland und von reichen Gewinnen aus dem Kolonialhandel. Auch sollte der Auswandererstrom in die Kolonien umgelenkt werden. Der Afrikaforscher Carl Peters forderte auf Grundlage rassistischer und nationalistischer Ideen neuen Lebensraum für das deutsche Volk und kolonisierte das spätere Deutsch-Ostafrika auf eigene Faust.

Vor allem nach der Entlassung Bismarcks propagierten Vereinigungen wie der Alldeutsche Verband und der Deutsche Flottenverein eine imperialistische Kolonialpolitik. Kaiser Wilhelm II. wollte die Kolonien zu Militärstützpunkten ausbauen, die von einer massiven Flotte beschützt werden sollten. Damit forderte er England und Frankreich heraus, die sich 1904 in der Entente cordiale verbündeten.

Vom Kolonialverein angeheizt, entstand Anfang des 20. Jahrhunderts eine Populärkultur rund um die Kolonien. Fotografien wilder Tiere, afrikanischer Menschen und deutscher Großwildjäger zierten die Titelblätter vieler Zeitungen, Zeitschriften und Bücher. Völkerschauen wie die des Hamburger Tierhändlers Carl Hagenbeck mit Menschen aus exotischen Weltgegenden erfreuten sich großer Beliebtheit. In den deutschen Städten eröffneten Kolonialwarenläden und verkauften bislang unbekannte Früchten und Waren an eine begeisterte Kundschaft.

Ökonomisch waren die Kolonien für das Deutsche Reich allerdings ein Debakel. Beinahe alle Kolonien blieben abhängig von den Subventionen des Mutterlandes. Gewinne wurden nur in Einzelfällen erzielt. Politisch unterstrichen die kolonialen Besitztümer den Weltmachtanspruch Kaiser Wilhelms II. und führte in der Folge zu einer diplomatischen Isolation des Deutschen Reiches.

## Wissenschaft und Forschung im Kaiserreich

Wissenschaft und Forschung erlebten im Kaiserreich einen gewaltigen Aufschwung und wurden offiziell gefördert, nicht zuletzt durch Wilhelm II. selbst. Das führte auch die deutschen Universitäten in die internationale Spitzenklasse.

Die Hochindustrialisierung Ende des 19. Jahrhunderts wirkte gewissermaßen als Katalysator für die Entwicklung der Naturwissenschaften und des Ingenieurwesens. Technische Fächer und Studiengänge hatten in dieser Zeit Konjunktur an den deutschen Hochschulen. Sie standen in engem Praxisbezug zu Wirtschaft und Industrie. Im Jahr 1911 wurde in Berlin die Kaiser-Wilhelm-Gesellschaft zur Förderung der Wissenschaften gegründet, aus der die heutige Max-Planck-Gesellschaft hervorgegangen ist. Die Einführung solcher außeruniversitären Einrichtungen wurde weltweit als vorbildlich und herausragend anerkannt. Deutsch wurde zur Wissenschaftssprache. Mit den exzellenten und herausragenden Forschungsbedingungen gingen ebenso exzellente Forscher und Forschungsergebnisse einher. Dies schlug sich nirgendwo deutlicher nieder als in der Verleihung der naturwissenschaftlichen Nobelpreise. Jeder dritte ging zwischen 1901 und 1914 an einen deutschen Forscher. Unter den Preisträgern befanden sich Wissenschaftler, deren Namen noch heute weltbekannt sind: Die Physiker Max Planck und Robert Koch, Wilhelm Conrad Röntgen und Albert Einstein.

Die deutsche Hochschullandschaft war dabei äußerst wandelbar. Bislang galten nur die Universitäten als Ausbildungsstätten für Führungspersönlichkeiten. Doch als auch die technischen Hochschulen immer mehr an Ansehen gewannen, wurden sie 1899 mit den Universitäten gleichgestellt, in dem sie das Promotionsrecht erhielten. An den technischen Hochschulen wurden vor allem Ingenieure für die großen Wirtschaftsunternehmen ausgebildet.

In der Unternehmenshierarchie standen sie damit über den ausgebildeten Meistern der einzelnen Ausbildungsberufe und koordinierten deren Arbeitskräfte.

## Berlin wird Metropole

Die Reichshauptstadt Berlin erlebte vor allem in der Gründerzeit einen enormen Wirtschaftsboom, der sich in einem gewaltigen Baugeschehen mit neuen Stadtteilen niederschlug. Dabei wurde die Berliner Mitte mit repräsentativen Gebäuden in eine moderne Hauptstadt umgebaut. Banken und andere Handelsgeschäfte siedelten sich ebenfalls in der mondänen Stadtmitte an, genauso wie Hotels, einige Botschaften und elegante Warenhäuser. Dadurch zog die Stadt nicht nur unzählige neue Unternehmen an, sondern auch viele Arbeitskräfte strömten mit der Hoffnung auf ein besseres Leben in die Stadt. Im Jahr 1873 hatte Berlin bereits 800 000 Einwohner. Von der Gründerkrise unbeeindruckt verlor die Reichshauptstadt keinesfalls an Attraktivität, vielmehr zog sie weiterhin Menschen an. Schon 1877 überschritt die Einwohnerzahl die Millionengrenze.

Das Ausmaß des enormen Wachstums der Stadt wird noch deutlicher, wenn man bedenkt, dass 1849 gerade einmal 424 000 Menschen in Berlin lebten. Ein weiterer Vergleich zeigt den Unterschied Berlins zu den anderen deutschen Städten. Als Berlin die Millionengrenze überschritt, lebten in der zweitgrößten Stadt im Deutschen Reich, in Hamburg, gerade einmal 290 000 Menschen.

Das Wachstum Berlins stellte die Reichshauptstadt vor neue Herausforderungen, denn mit dieser Entwicklung konnte die Infrastruktur der Stadt kaum mithalten. Ab 1873 begann die Stadtverwaltung daher mit dem Ausbau eines umfassenden Entwässerungssystems und einer Kanalisation. Beides war bis 1893 fertiggestellt, zudem eröffnete die Stadt das erste städtische Krankenhaus. Zur Bekämpfung von Seuchen wurde in der Turmstraße ein Lazarett eingerichtet, aus dem bald das Krankenhaus Moabit hervorging. Mit dem Rudolf-Virchow-Krankenhaus entstand 1906 das modernste Krankenhaus seiner Zeit.

Auch im Bereich des Verkehrs musste die Stadtverwaltung auf die Menschenmassen reagieren und ließ das öffentliche Verkehrsnetz ausbauen. Hierbei nutzte man die Neuerungen der Elektrizität. 1879 wurde auf der Berliner Gewerbeausstellung die erste elektrische Eisenbahn der Welt vorgestellt, und zwei Jahre später fuhr die erste elektrische Straßenbahn durch Berlin.

Die Stadt wuchs in dieser Zeit vor allem in Richtung Westen. Prachtstraßen nach dem Vorbild der Pariser Champs-Elysées entstanden, und die Gegend um den Kurfürstendamm entwickelte sich zur bevorzugten Wohngegend für Reiche und Prominente. Kurz nach der Jahrhundertwende war nahezu der ganze Kurfürstendamm bebaut. Wo ein gutes Jahrzehnt Jahre zuvor noch Spargelfelder gewesen waren, entstanden nun bürgerliche Häuser mit pompösen Fassaden. Noch prunkvoller ging es im Südwesten der Stadt zu. Dort entstanden Villenviertel für die Wohlhabenden.

Diesem Glanz stand die Armut in den Arbeitervierteln gegenüber. Vor allem in Kreuzberg, Prenzlauer Berg und Friedrichshain waren Mietskasernen entstanden, um schnell billigen Wohnraum für die Arbeiterschaft zur Verfügung zu haben. Darüber hinaus herrschte in den Stadtteilen Moabit und Wedding große Armut. Daher gründete sich eine Reihe verschiedener sozialer und kirchlicher Vereine, um die Missstände zu bekämpfen und Obdachlose zu versorgen. Die Arbeiterschaft wurde innerhalb der Stadt zu einem politischen Schwergewicht. Die Mehrheit der Berliner wählte in dieser Zeit die neue Arbeiterpartei SPD. Am 1. Mai 1890 fanden in Berlin die ersten Maidemonstrationen der Arbeiterschaft statt. Diese Tradition wirkt bis heute in Berlin stark nach.

Kurz nach der Jahrhundertwende überschritt die Einwohnerzahl Berlins die Zwei-Millionen-Grenze, weshalb der weitere Ausbau des öffentlichen Nahverkehrs von höchster Priorität war. Die Stadt erhielt eine U-Bahn. Neben Berlin-Mitte entwickelte sich der Kurfürstendamm zu einem zweiten Stadtzentrum. Dort sprossen Cafés, Restaurants, Kabaretts und Theater wie Pilze aus dem Boden und ließen die künstlerische und kulturelle Szene aufblühen.

## Der Untergang des Kaiserreiches

Das Dreikaiserjahr 1888 und die Abdankung Bismarcks zwei Jahre später ließen eine neue Generation an die Spitze des Reiches treten – allen voran Kaiser Wilhelm II., der sich anders als sein Großvater Wilhelm I. als Deutscher Kaiser verstand und dem Reich Weltgeltung verschaffen wollte. Dieses Bestreben brachte ihn in Konkurrenz zu Großbritannien, woran schließlich das Mächtegleichgewicht zerbrach, für das Bismarcks gesorgt hatte. Mit seiner Weltmachtpolitik erreichte Wilhelm II. am Ende nur eines: Deutschland stand isoliert da.

### Das Dreikaiserjahr 1888

Das Jahr 1888 sah drei deutsche Kaiser aus drei Generationen: Wilhelm I., Friedrich III. und Wilhelm II. Kaiser Wilhelm I. starb nach kurzer Krankheit am 9. März 1888 in Berlin. Ihm folgte sein Sohn Friedrich Wilhelm als Kaiser Friedrich III. auf den Thron. Er knüpfte mit der Zählung als Friedrich III. nicht etwa an die Tradition des Heiligen Römischen Reiches an, denn dann wäre er Friedrich IV. gewesen. Diese Möglichkeit hatte er kurzzeitig erwogen, doch riet ihm Bismarck aus verfassungsrechtlichen Gründen davon ab. Als Kaiser des neuen Deutschen Reiches hätte er sich auch Friedrich I. nennen können, doch stellte er sich in die preußische Tradition, in der er als König tatsächlich Friedrich III. war.

Friedrich Wilhelm war seit 1858 mit der ältesten Tochter der britischen Königin Victoria verheiratet. Queen Victoria wiederum war mit Prinz Albert von Sachsen-Coburg und Gotha verheiratet. Beide Ehen unterstrichen das besondere deutsch-britische Verhältnis. Friedrich galt als liberaler Politiker, der vor allem von seiner Frau in dieser Haltung bestärkt wurde. Damit stand er der Politik seines Vaters entgegen und wurde bisweilen gar als Feind der Bismarckschen Innenpolitik bezeichnet. Auch seine englandfreundliche Haltung passte kaum in Bismarcks außenpolitisches Konzept. Für den Reichskanzler war ein Bündnis mit dem russischen Zarenreich wichtiger.

Die allgemeine Hoffnung auf einen liberalen Kurs in der Politik erfüllte sich mit Friedrich III. indessen nicht. Er war zur Zeit seiner Thronbesteigung bereits so schwer an Kehlkopfkrebs erkrankt, dass er nicht mehr sprechen konnte. Nach 99 Tagen Regentschaft starb er am 15. Juni 1888 in Potsdam. Noch am selben Tag trat sein erst 29 Jahre alter Sohn Wilhelm II. die Nachfolge an. Mit Friedrich III. wurde auch der politische Einfluss der Liberalen zu Grabe getragen, denn Wilhelm II. verstand sich eher als Erbe der konservativen Politik seines Großvaters und Bismarcks.

Wilhelm I. hatte den betagten Reichskanzler vor seinem Tod gebeten, ein Auge auf seinen Enkel zu werfen. Bismarck hoffte mit dem jungen Kaiser leichtes Spiel zu haben. Darin täuschte er sich jedoch: »Sechs Monate will ich den Alten verschnaufen lassen, dann regiere ich selbst«, soll Wilhelm II. im Kreise engster Vertrauter gesagt haben.

## »Der Lotse geht von Bord« – Bismarcks Abgang

Als Wilhelm II. seinem Vater nachfolgte, glaubte der mittlerweile ergraute Bismarck den jungen Kaiser, der erst 29 Jahr alt war, in seinem Sinne dirigieren zu können. Er nahm an, dass Wilhelm II. ihm ebenso freie Hand lassen würde, wie es dessen Vater und Großvater getan hatten. Doch sehr schnell kam es zwischen dem alten Reichskanzler und dem jungen Kaiser zu Differenzen, die schließlich am 20. März 1890 zur Entlassung Bismarcks führten. Wilhelm II. gedachte die politische Führung im Deutschen Reich durch ein »persönliches Regiment« zu übernehmen und orientierte sich mehr an den eigenen Beratern als am alten Kanzler. Schnell trat zwischen Bismarck und Wilhelm II. Entfremdung ein. Gegen den Vorwurf seiner Zeitgenossen, die Entlassung Bismarcks sei sein erster großer Fehler gewesen, verteidigte sich Wilhelm II. später: »Die staatsmännische Größe des Fürsten Bismarck und seine unvergänglichen Verdienste um Preußen und Deutschland sind historische Tatsachen von so gewaltiger Bedeutung, dass es wohl in keinem politischen Lager einen Menschen gibt, der es wagen könnten, sie anzuzweifeln. Deshalb schon ist es eine törichte Legende, dass ich die Größe Bismarcks nicht anerkannt hätte. Das Gegenteil ist richtig. […] Er war der Schöpfer des Deutschen Reiches […] wir alle hielten ihn für den größten Staatsmann seiner Zeit. […] Als ich noch Prinz von Preußen war, habe ich oft gedacht: Hoffentlich lebt der große Kanzler noch recht lange, denn ich wäre geborgen, wenn ich mit ihm zusammen regieren könnte.«

Doch die Sichtweise, Wilhelm II. habe Bismarck entlassen, um fortan eigenständig herrschen und entscheiden zu können, und deshalb bewusst schwache Kanzler gewählt, hat sich im Laufe der Zeit relativiert. Der Historiker Golo Mann urteilt in seiner »Deutschen Geschichte des 19. und 20. Jahrhunderts«: »Wilhelm II. konnte sich sagen, dass er nicht nur richtig, sondern im Sinne des Volkes gehandelt habe. […] Bismarck verschwand nicht zu früh, er verschwand viel zu spät. Die Beseitigung dieses lastenden Anachronismus war das Mutigste, an sich selbst betrachtet das Beste, was Wilhelm II. je getan hat.«

Bismarck war 1890 bereits 75 Jahre alt, gesundheitlich angeschlagen, er blieb dem Reichstag häufig fern, und seine Sturheit hatte sich zunehmend in Starrsinn verwandelt. Wilhelm II. verachtete Bismarck nicht etwa, er bewunderte ihn vielmehr. Dennoch schien für den jungen Kaiser im Jahr 1890 die Zeit gekommen, einen Generationswechsel herbeizuführen.

Eher als Anlass denn als Grund für die Entlassung dürfte die überhebliche Art gewesen sein, die Bismarck Wilhelm II. gegen-

# Kaiser Wilhelm II.

Prinz Wilhelm wurde am 27. Januar 1859 in Potsdam geboren. Er war nicht nur der Sohn des deutschen Kaisers Friedrich III. und Enkel Wilhelms I., sondern er stand mütterlicherseits in direkter Linie des englischen Königshauses. Seine Mutter, Prinzessin Victoria, war die Tochter der berühmten englischen Königin Victoria. Er hatte im Guten wie im Schlechten stets ein besonderes Verhältnis zum Britischen Imperium.

Bei der Geburt Wilhelms gab es Schwierigkeiten, da er als Steißgeburt geboren wurde. Jedoch konnte eine couragierte Hebamme verhindern, dass der Säugling bei der Geburt starb. Lediglich der linke Arm des Prinzen wurde dabei so geschädigt, dass Wilhelm ihn sein Leben lang nur eingeschränkt bewegen konnte. Damit tat er sich als Jüngling vor allem beim Militär schwer. Auf Fotografien wurde die Beeinträchtigung Wilhelms meist zu kaschieren versucht, indem er den Arm verdeckte, anwinkelte oder gänzlich in seiner Uniform verschwinden ließ.

Wie im Hochadel üblich überließen die Eltern die Erziehung des Prinzen einem dafür bereitstehenden Erzieher: Bei Georg Ernst Hinzpeter durchlief Wilhelm eine strenge Schule. Hinzpeter drillte den jungen Wilhelm und bereitete ihn auf eine Karriere beim Militär vor. Von 1877 bis 1879 studierte der Kronprinz an der Universität in Bonn Rechts- und Staatswissenschaften. In Bonn nahm er am studentischen Leben teil und wurde Mitglied der Studentenverbindung der Bonner Borussen. 1879 verlobte er sich auch mit Auguste Viktoria von Schleswig-Holstein-Sonderburg-Augustenburg, zwei Jahre später, am 27. Februar 1881, heiratete er sie schließlich. Das Kaiserpaar erfüllte die an sie gerichteten dynastischen Erwartungen mit sechs Söhnen und einer Tochter.

Da Kaiser Wilhelm I. bereits sehr alt und sein Vater sehr krank war, wurde Wilhelm bereits in jungen Jahren auf die Thronfolge vorbereitet. Die militärische Ausbildung verlief stets parallel zu seiner schulischen und wurde von Wilhelm mit Begeisterung angenommen. Er durchlief mehrere Einheiten und wurde schnell zum Generalmajor befördert.

Nach dem Tod des Vater war es im Jahr 1888 für Wilhelm schließlich soweit. Zunächst entließ Wilhelm II. den greisen Bismarck, um fortan die Geschicke des Reiches selbst zu bestimmen, dem er Weltgeltung verschaffen wollte. Als sein Onkel Edward VI. Königin Victoria 1901 auf den englischen Thron folgte, konnte er sich noch vorstellen, dass Deutschland und Großbritannien als Großmächte einander nicht ins Gehege kommen. Doch schon bald isolierte Wilhelm II. das Deutsche Reich durch eine aggressive Außenpolitik. Der Erste Weltkrieg brachte die Niederlage Deutschlands und das Ende der Monarchie. Der Kaiser musste abdanken und ging ins Exil in die Niederlande.

Im Jahr 1919 erwarb Wilhelm II. Haus Doorn in der niederländischen Provinz Utrecht als sein neues Domizil. Im Rahmen der Fürstenabfindung verlor er zwar fast alle seine Schlösser in Deutschland, konnte aber die wichtigsten Gegenstände aus dem Besitz seiner Familie ins Exil transportieren lassen. Nach dem Tod der Kaiserin am 11. April 1921 heiratete Wilhelm II. im niederländischen Exil ein weiteres Mal. Seine Hoffnung, dass die Nationalsozialisten die Monarchie in Deutschland wieder einführen würden, zerschlug sich. Er starb am 4. Juni 1941 im Exil.

über an den Tag legte. Er nahm den jungen Kaiser nicht ernst, verweigerte ihm bisweilen die Zusammenarbeit und wollte weder seine Erfahrung noch seinen Einfluss mit dem Kaiser teilen. Theodor Fontane sprach mit seinem Ausruf »Es ist ein Glück, dass wir ihn los sind« vielen Deutschen aus der Seele. Zudem verbreitete sich auch im Volk die Ansicht, dass das Deutsche Reich stillstehe und dass Bismarck nicht mehr länger tragbar sei. Die Reichstagswahlen vom Februar 1890 machten zudem mit 19,6 Prozent der Stimmen die SPD zur stärksten Partei, auch wenn es aufgrund der ungerechten Wahlkreisverteilung das Zentrum mit weniger Stimmen (18,6 Prozent) auf 106 Mandate brachte. Die SPD erhielt lediglich 35. Bismarck versuchte sich dem zuvor im Kulturkampf bekämpften Zentrum anzunähern, doch die konservativen Parteien distanzierten sich nun alle von ihm.

Im Frühjahr 1890 begrüßte die Mehrheit der Deutschen den am 17. März 1890 eingereichten Rücktritt Bismarcks. Zugleich entstand noch zu Bismarcks Lebzeiten ein regelrechter Bismarck-Mythos um den »Eisernen Kanzler«. Je mehr Wilhelm II. in die Kritik geriet, umso lauter wurden die Rufe nach der guten, alten Zeit – und vor allem nach einem Politiker wie Bismarck. Friedrichsruh, Bismarcks Alterssitz, wurde zu einem Wallfahrtsort für eine zunehmende Anzahl an Verehrern. Ihm wurden 450 Ehrenbürgerschaften angetragen, zu seinem 80. Geburtstag am 1. April 1895 erreichte ihn eine halbe Million Briefe, und überall im Reich wurden Bismarck-Denkmäler errichtet, die den Reichsgründer in Uniform mit Pickelhaube und Säbel als wehrhaften Schmied und Verteidiger des Reiches zeigten.

## Die Flottenrüstung

Wilhelm II. hatte bei seinen Besuchen am englischen Hof erfahren, was es bedeutete, eine Weltmacht zu sein. Er war nicht nur davon begeistert, sondern wollte auch Deutschland Weltgeltung verschaffen. Über die schon von seinem Großvater eingeleitete Kolonialpolitik hinaus vertrat der Kaiser daher die Ansicht, das Deutsche Reich könne eine Weltmachtstellung nur mittels einer Flotte erlangen. Diese sollte auf allen Weltmeeren präsent sein und nicht zuletzt die deutschen Kolonien schützen. Er ließ am 18. Januar 1896 verkünden, »Deutschlands Zukunft« liege »auf dem Meer«. Vor allem die Schwerindustrie sah darin große Gewinnchancen.

Zunächst sah es so aus, als sei der Aufbau einer deutschen Hochseeflotte lediglich ein Prestigeobjekt, das sich niemals mit der britischen Marine messen lassen würde. Doch der Kaiser meinte es ernst und ließ am 28. März 1898 das erste Flottengesetz verabschieden, das Admiral Alfred von Tirpitz entworfen hatte. Es umfasste einen sechsjährigen Aufbauplan der Flotte und legte die Flottenstärke fest. Die Schiffe sollten 25 Jahre im Dienst bleiben und danach automatisch durch neue ersetzt werden, ohne dass der Reichstag die Bewilligung der finanziellen Mittel zurücknehmen könnte. Das erste Flottengesetz entfachte in der Bevölkerung wie in der Politik ein nationales Hochgefühl. Durch den Flottenbau und den kaiserlichen Segen wurde die Marine sehr populär. Kinder trugen Matrosenanzüge, Kriegsschiffe als Spielzeug waren allgegenwärtig. In dieser Atmosphäre verabschiedete der Reichstag mit 201 zu 103 Stimmen im Jahr 1900 das zweite Flottengesetz, mit dem die Verdoppelung der Flotte beschlossen wurde. Beide Gesetze wurden vom bürgerlich-konservativen Lager getragen und gegen die Stimmen der SPD und der Liberalen durchgesetzt.

Die deutsche Flottenrüstung störte das internationale Mächtegleichgewicht, denn Deutschland trat damit in direkte Konkurrenz zu Großbritannien, das sich als Inselnation und Empire im natürlichen Recht sah, die unangefochtene Seemacht zu sein und die stärkste Flotte zu besitzen. Zum gestörten deutsch-französischen Verhältnis kam nun die Belastung der deutsch-britischen Beziehungen. In Großbritannien hieß es, dass für jedes deutsche Schiff zwei neue britische gebaut würden. Großbritannien konnte das wirtschaftlich allerdings nicht leisten, und bald ging die Angst vor einem deutschen Überraschungsangriff um. Auch öffentliche Bekundungen des Kaisers, das Deutsche Reich plane niemals einen entsprechenden Angriff, konnten die britische Bevölkerung nicht beruhigen. Für Wilhelm II. war der Ausbau der Flotte ein Prestigeobjekt, für Großbritannien bedeutete er jedoch eine direkte Bedrohung.

# Architektur im Kaiserreich

Noch heute findet sich in vielen deutschen Städten eine große Zahl von Wohnbauten aus der Gründerzeit, die ganze Straßenzüge oder gar Stadtviertel umfassen. Sie sind ab 1870 aufgrund der rasch wachsenden Bevölkerung und durch den Zuzug von Landbevölkerung in den städtischen und industriellen Ballungszentren entstanden. Als Gründerzeit werden im Allgemeinen die Jahre nach dem Deutsch-Französischen Krieg und der Reichsgründung bezeichnet, die von wirtschaftlichem Aufschwung und zahlreichen spekulativen Neugründungen geprägt waren. Mit der Architektur dieser Zeit sind zudem die Begriffe Historismus und Wilhelminismus verbunden.

Der wirtschaftliche Aufschwung und die Industrialisierung brachten neue Anforderungen an die Architektur und ihre Funktionalität mit sich. Es entstanden neue Industriebauten, Verwaltungsgebäude sowie neue, mehrstöckige Wohnhäuser in den Städten. Neben aufwändigen Regierungs- und Verwaltungsbauten, Firmensitzen und Fabrikanlagen wurden monumentale Denkmäler und prunkvolle Villen errichtet. Deren Interieur wurde meist von dunklen Farbtönen und einer mitunter gedrängten Fülle von historischen und zeitgenössischen Ausstattungsstücken im Stil der Renaissance und des Barock beherrscht. Für den Historismus ist das Nebeneinander mehrerer verschiedener Stilrichtungen aus der Vergangenheit kennzeichnend.

Der Begriff Wilhelminismus kennzeichnet die gesellschaftliche Atmosphäre der Regierungszeit Wilhelms II. von 1888 bis zu seiner Abdankung im Jahr 1918. Wilhelms politische Einstellung und sein Streben nach Weltgeltung äußerten sich vor allem in bunten Paraden des Militärs sowie in der Aufrüstung des Deutschen Reiches. Der Begriff des Wilhelminismus wird aufgrund seines kulturellen Wirkens auch in bildender Kunst und Architektur angewandt. Der Kaiser ließ vor allem neobarocke Repräsentationsgebäude errichten, die seinen imperialen Machtanspruch verkörpern und demonstrieren sollten.

## Außenpolitische Isolation des Reiches

Ende des 19. Jahrhunderts kamen zu den alten Weltmächten Großbritannien, Frankreich und Russland drei aufstrebende Nationen hinzu, die alle drei ebenfalls den Anspruch erhoben, Weltmacht zu sein: die USA, Deutschland und Japan. Alle drei hatten sich erst in den 1860er- und 70er-Jahren konsolidieren können. Ihr Auftreten brachte die internationale Balance durcheinander.

Dabei hatte sich der ehemalige deutsche Reichskanzler Otto von Bismarck stets darum bemüht, dass das Deutsche Reich gut im internationalen Bündnissystem vernetzt sein würde. Sein zweites Ziel war die Isolierung Frankreichs, da er sich vor einer französischen Revanche für den Krieg von 1870/71 fürchtete. Durch die weitere Aufrüstung von Wilhelm II. und den Erwerb weiterer Kolonien trat das Deutsche Reich zunehmend in Konkurrenz mit England, das sich schließlich mit Frankreich verbündete. 1904 einigten sich beide Nationen in der Entente cordiale über einen Ausgleich in kolonialen Fragen und näherten sich diplomatisch an. Hinzu kam, dass das Deutsche Reich durch beide Marokko-Krisen und Wilhelm II. selbst durch die »Daily Telegraph«-Affäre an internationalem Ansehen verlor und zunehmend in die Isolation gedrängt wurde. Reichskanzler Bernhard von Bülow verlieh dieser Tatsache mit seinem Schwur der »Nibelungentreue« gegenüber Österreich Ausdruck. Dieser Treueschwur bekundete die unbedingte Bündnistreue beider Staaten.

Wilhelm II. verschuldete mit seiner Außenpolitik und seiner Aufrüstung nicht nur den Verlust Großbritanniens als Bündnispartner, das seine Kolonialstreitigkeiten mit dem ursprünglich verfeindeten Frankreich überwinden konnte. Beide Nationen schlossen sich 1904 zur Entente cordiale zusammen. Zugleich verlängerte der Kaiser den Rückversicherungsvertrag mit dem russischen Zarenreich Russland nicht. Damit waren Österreich und das Deutsche Reich isoliert und in der Mitte Europas umzingelt. In dieser außenpolitisch wenig günstigen Lage führte der Weg das Deutsche Reich in den Ersten Weltkrieg. Seine Hoffnung, durch diesen Krieg endgültig zu einer Weltmacht zu werden, wie Wilhelms Großvater und Bismarck durch den Krieg von 1870/71 das Deutsche Reich zu einer europäischem Macht geformt hatten, zerschlug sich schnell. Das Werk Bismarcks und seines Großvaters, das Deutsche Reich, führte Wilhelm in einen zermürbenden Krieg, er verlor seine Macht an das Militär und musste schließlich abdanken.

## Der Weg in den Ersten Weltkrieg

Am Vorabend des Ersten Weltkrieges entwickelte sich der Balkan zu einem Unruheherd erster Ordnung, ausgelöst vom Zerfall des Osmanischen Reiches. Und in Österreich-Ungarn begehrten Völker auf, die nach Unabhängigkeit und der Etablierung einer eigenen Nation strebten. Doch wurde diesen Bestrebungen kein Raum gegeben. Hinzu kam eine transnationale Bewegung, der Panslawismus, der vor allem gegen Wien gerichtet war. Das Zarenreich verstand sich als Rückgrat und Sprecher aller slawischen Völker, weshalb es zwischen Österreich und Russland wiederholt zu Spannungen kam, die leicht in einen Krieg hätten münden können. Die Nibelungentreue zu Österreich zog Deutschland in die Probleme auf dem Balkan hinein.

Aus historischer Distanz betrachtet scheint es fast so, als hätten alle europäischen Mächte nur auf einen Anlass für den großen Krieg gewartet. Als am 26. Juni 1914 in Sarajewo der österreichische Thronfolger Franz Ferdinand und seine Frau von einem serbischen Freischärler erschossen wurden, entlud sich die seit Jahren angespannte Situation in Europa. Das Deutsche Reich erteilte wenige Tage nach dem Attentat Österreich eine Blankovollmacht für das weitere Vorgehen. Wilhelm II. drängte zudem auf ein schnelles Losschlagen. Die Donaumonarchie wusste, dass Serbien auf die Unterstützung Russlands bauen konnte, und erklärte Serbien daher am 28. Juli 1914 den Krieg. Damit hatte der Erste Weltkrieg begonnen. Russland baute auf die Bündnistreue zu Frankreich und ordnete zugleich die Mobilmachung an. Nun setzte eine Kettenreaktion ein, die niemand aufhalten wollte oder konnte. Deutschland reagierte auf die Mobilmachung Russlands am 1. August mit einer Kriegserklärung, am 3. August folgte die an Frankreich. Einen Tag später erklärte Großbritannien Deutschland den Krieg.

## Das Ende des Kaiserreiches

Wie alle Kriegsparteien hatte auch der Kaiser auf einen schnellen Sieg seiner Truppen gehofft. Doch der Stellungskrieg machte einen entscheidenden Durchbruch der einen oder anderen Seite praktisch unmöglich. Der harte Winter 1917/18 tat ein Übriges. Zudem machte die amerikanische Regierung klar, dass es zu erträglichen Waffenstillstandsbedingungen nur kommen würde, wenn Wilhelm II. auf den Thron verzichten und abdanken würde. Bereits während des Krieges verlor der kriegsmüde Kaiser, der durch die Verfassung der eigentliche Heerführer war, die militärische Befehlsgewalt ab Sommer 1916 an die Oberste Heeresleitung (OHL). Zu diesem Zeitpunkt übernahm General Paul von Hindenburg mit seinem Stabschef Erich Ludendorff die OHL und beanspruchte zugleich die innen- und außenpolitische Führung des Reiches. Wilhelm II. trat immer weiter in den Hintergrund. Die revolutionären Ereignisse im November 1918 spitzten sich zu. Reichskanzler Prinz Max von Baden erklärte daher ohne Rücksprache mit dem Kaiser dessen Thronverzicht. Darüber hinaus ernannte er – ohne verfassungsgemäße Legitimation – den Sozialdemokraten Friedrich Ebert als Kopf der stärksten Fraktion im Reichstag zum neuen Reichskanzler.

Am Nachmittag des 9. November 1918 rief der Sozialdemokrat Philipp Scheidemann von einem Balkon des Reichstages die Republik aus. Er wollte damit dem Spartakisten Karl Liebknecht zuvorkommen, der am gleichen Tag etwas später eine sozialistische Räterepublik ausrief.

Zwei Tage später wurde der Waffenstillstand unterzeichnet, und der Kaiser ging ins Exil. Er hatte die letzten Tage in Spa verbracht und flüchtete in die Niederlande. Schließlich unterschrieb Wilhelm am 28. November die offizielle Abdankungsurkunde, in der er auf die Kaiserwürde verzichtete und die preußische Krone niederlegte. Zugleich entband er die Beamten und das Militär von dem auf ihn abgelegten Eid.

# +++ Die Bedeutung der Reichsgründung +++

Als 1949 die Bundesrepublik Deutschland gegründet wurde, konnten die Politiker auf verschiedene Traditionen und Errungenschaften der Vergangenheit zurückgreifen. Wenn auch das Deutsche Kaiserreich keine Demokratie war und die Bundesrepublik vor allem auf den demokratischen Traditionen der Paulskirche sowie der Weimarer Republik aufbaute, so fanden auch Entwicklungen und Begebenheiten aus dem Kaiserreich ihren Weg in das heutige Deutschland. Frankreich, der Kriegsgegner von 1871 und sogenannte Erbfeind, gilt heute als enger Partner der Bundesrepublik Deutschland.

# Folgen für das deutsch-französische Verhältnis

Die Geschichte des deutsch-französischen Verhältnisses ist übersäht von Kriegen, gegenseitigen Überfällen und Inanspruchnahme der jeweiligen Grenzgebiete für die eigenen politischen und wirtschaftlichen Interessen. Sobald die eine Seite gewonnen hatte, sann die andere auf Rache und bereitete bereits die Revanche vor. Besonders die Gebiete an beiden Seiten entlang des Rheins lebten mit der Furcht einer weiteren Auseinandersetzung und wechselten nicht selten den Landesherrn.

Der Deutsch-Französische Krieg reiht sich daher in eine ganze Folge von Kriegen und Auseinandersetzungen zwischen beiden Nachbarn ein. Die Besonderheit dieses Krieges liegt jedoch in der Tatsache, dass aus ihm ein mächtiger deutscher Nationalstaat erwuchs. Dadurch wurde das internationale Mächteverhältnis neu aufgestellt. Weder der verlorene Krieg noch die Reparationszahlungen bedeuteten für Frankreich eine derartige Niederlage wie die Gründung eines mächtigen, deutschen Nationalstaates – der noch dazu im eigenen Land proklamiert wurde. Direkt neben Frankreich befand sich nun nicht mehr der lose zusammengesetzte Deutsche Bund, der sich selbst durch die innerdeutschen Zölle wirtschaftlich schwächte und in dem Preußen und Österreich gegeneinander wetteiferten, sondern das Deutsche Reich, das wirtschaftlich boomte, aufrüstete und seine Außenpolitik ausnahmslos über die Abgrenzung zu Frankreich definierte. Darüber hinaus annektierte der Sieger von 1871 die französischen Gebiete links des Rheins und machte sie zum Reichsland Elsass-Lothringen – als Puffer vor militärischen Übergriffen, um nationale Begeisterung zu entfachen und um die Bodenschätze und wirtschaftliche Fortschrittlichkeit des Elsass zu nutzen.

Die Außenpolitik Bismarcks zielte darauf ab, Frankreich international zu isolieren und zu schwächen. Der Reichskanzler befürchtete, dass sich Frankreich irgendwann für den Krieg von 1870/71 revanchieren und das Elsass zurückfordern würde, sobald es dazu Gelegenheit haben würde.

Nachdem Wilhelm II. 1888 den Thron bestiegen und zwei Jahre später Bismarck entlassen hatte, bestimmte der Kaiser selbst die Außenpolitik. Er vernachlässigte Bismarcks alte Strategie gegenüber Frankreich und änderte das Wesen seiner Politik von der Isolierung Frankreichs zu einem Wettkampf mit England, um die Weltgeltung des Deutschen Reiches zu unterstreichen. Damit brachte er Frankreich und England gleichermaßen gegen das Deutsche Reich auf. Ein Bündnis der beiden Weltmächte gegen das Reich war der nächste konsequente Schritt. Beide konnten ihre Differenzen über die Kolonialpolitik beilegen und schmiedeten 1904 die Entente cordiale. 1914 schlitterten daher die europäischen Großmächte in einen desaströsen Krieg, dessen Schrecken im Vorfeld niemand voraussehen konnte. Dies geschah vor allem, weil Wilhelm II. das Deutsche Reich an die Weltspitze führen wollte, aber auch weil in der dem Krieg vorhergehenden diplomatischen Krise keinesfalls deeskalierend gehandelt wurde.

Frankreich erhielt am Ende des Ersten Weltkrieges seine Revanche und diktierte nach Kriegsende den Friedensvertrag von Versailles – genau an jenem Ort, an dem das Deutsche Reich gegründet worden war. Es konnte sich sogar gegen das 14-Punkte-Programm des amerikanischen Präsidenten Woodrow Wilson durchsetzen, der sich um eine neue und friedliche Nachkriegsordnung bemühte. Die hohen Repressalien und Reparationszahlungen, die im Vertrag von Versailles für Deutschland festgelegt wurden, führten in der neu geschaffenen Weimarer Republik zu immer lauteren Rufen nach einer starken nationalen Führung, die sich dem Versailler Vertrag erwähren könnte. Diese Rufe mündeten in mehrere Staatskrisen, die das schwache Parlament nicht zu bewerkstelligen in der Lage war, und ermöglichten es der NSDAP, im Januar 1933 schließlich die Macht in Deutschland zu ergreifen. Die erste deutsche Demokratie, die Weimarer Republik, endete, und die Nationalsozialisten bauten ein neues, totalitäres Regime in Deutschland auf, das Frankreich abermals – im Zweiten Weltkrieg – überfiel.

In der Folge wurde Europa wieder übersäht von Hass, Krieg, Verfolgung und menschlichen Tragödien. In Deutschland und Frankreich war die Verwüstung groß. Nach beiden Weltkriegen waren beide Nationen schließlich mit der Zerstörung ihres Landes konfrontiert. Daher wuchs auf beiden Seiten das Verständnis dafür, dass es für den eigenen Frieden und den eigenen Wohlstand unumgänglich war zusammenzuarbeiten. Beide Nationen beendeten die »Erbfeindschaft« und beschlossen, sich fortan zu unterstützen. Dem Plan des französischen Außenministers Robert Schumann von 1950 folgend, begann diese Zusammenarbeit zunächst auf wirtschaftlicher Ebene. 1951 wurde die »Europäische Gemeinschaft für Kohle und Stahl« gegründet, die Montanunion. Aus der Montanunion entstand wiederum die Europäische Wirtschaftsgemeinschaft, aus der die Europäische Gemeinschaft und später die Europäische Union hervorgingen. Frankreich und Deutschland kommt bei dieser friedlichen Entwicklung eine Vorreiterrolle zu, und das deutsch-französische Tandem zeigt sich zunehmend als Zugpferd der europäischen Integration.

Deutlich spiegelte sich der neue Geist zwischen Frankreich und Deutschland im Schicksal des Saarlandes wieder. In den Verhandlungen nach dem Ersten Weltkrieg war die Staatszugehörigkeit des Saargebietes noch ein Streitfall zwischen beiden Ländern. Frankreich hatte die Region besetzt und forderte die Annexion. Jedoch kam es in der Folge zu mehreren Aufständen der Bevölkerungsmehrheit, die Deutschland zugehörig bleiben wollte. Im Versailler Vertrag wurde ein Kompromiss zwischen dieser Forderung und dem von Wilson propagierten »Selbstbestimmungsrecht der Völker« geschlossen. Das Saarland wurde zu einer »europäischen Modellregion« umgestaltet und direkt dem Völkerbund unterstellt. Nach dem Zweiten Weltkrieg sollte es zunächst der UNO unterstellt werden, doch hier einigte man sich friedlich und ließ das Saarland 1957 als zehntes Bundesland ein Teil der Bundesrepublik werden.

Höhepunkt der deutsch-französischen Zusammenarbeit und Freundschaft war der am 22. Januar 1963 von Bundeskanzler Konrad Adenauer und dem französischen Präsidenten de Gaulle unterschriebene Vertrag über die »deutsch-französische Zusammenarbeit«, der auch als Élysée-Vertrag bekannt wurde. Er markierte eine bis heute anhaltende Wende und Annäherung in der Beziehung beider Staaten. Frankreich wollte damit Deutschland an sich binden und es sowohl aus dem Einfluss der USA herauslösen als auch das sowjetische Vorhaben verhindern, einen neutralen, gesamtdeutschen Staat zu schaffen, wie es in den Stalin-Noten propagiert worden war. Deutschland auf der anderen Seite erhoffte sich von der engen Bindung an den französischen Nachbarn einen weiteren Bündnispartner gegen die sowjetischen Interessen. Die tatsächliche politische Tragweite des Vertrages ist von Zeitgenossen häufig infrage gestellt worden, weil die enge Verbindung zu Frankreich mit dem Abgang Adenauers und der Machtübernahme des »Atlantikers« Ludwig Erhard vorübergehend an Bedeutung verlor. Es sind aber nicht zuletzt die außerpolitischen Kooperationen zwischen den Nachbarländern, wie etwa die Schaffung des deutsch-französischen Jugendwerkes und diverser Austauschdienste, die im Élysée-Vertrag ihre Grundlage finden.

Auch beim Zwei-plus-Vier-Vertrag von 1990, der den Status der Alliierten in Deutschland beendete und der Wiedervereinigung den Weg frei machte, stimmte Frankreich für das Deutsche Anliegen. Hierbei sind vor allem der deutsche Bundeskanzler Helmut Kohl sowie der französische Präsident François Mitterand als diejenigen zu nennen, die für die Zusammenarbeit beider Länder eintraten und so der einen Seite die Angst vor der anderen nahmen. Ein Teil der französischen Bevölkerung und auch ein Großteil der Politiker befürworteten aber die Wiedervereinigung nicht, weil sie befürchteten, ein wiedererstarktes Deutschland (in Bezug auf die Fläche und die Bevölkerung gesehen) würde das europäische Gleichgewicht durcheinanderbringen und damit auf Dauer den Frieden in Europa verhindern!

## Das Kaiserreich in der Populärkultur

Das Kaiserreich hinterließ deutliche Spuren im In- und Ausland, die sich vor allem in der Populärkultur zeigen. Preußische Tugenden und preußische Uniformen – allen voran die Pickelhaube – waren Grundlage einer Vielzahl an zeitgenössischen Karikaturen.

Das Bild des pünktlichen und ordentlichen preußischen Beamten und Polizisten festigte sich im Ausland als Stereotyp des Deutschen schlechthin. Was Wilhelm Voigt als Hauptmann von Köpenick in Wirklichkeit vormachte, fand bald Nachahmer in der Populärkultur. Der Militarismus in der Gesellschaft war so weit verbreitet, dass er für die Kritiker viel Stoff für Karikaturen und Persiflagen brachte. Auch das Ende des Kaiserreiches tat diesem keinen Abbruch. Weiterhin symbolisierten der Militarismus und vor allem Uniform, Pickelhaube und Gehorsamkeit den Deutschen an sich, was sich durch das Regime der Nationalsozialisten weiter verstärkte.

Durch die amerikanische Filmindustrie in Hollywood verbreitete sich das Bild des militärisch gehorsamen Deutschen weit über das gesamte 20. Jahrhundert hinaus. Nicht selten war die Pickelhaube dabei ein humoristisches Element wie in dem britischen Film »Die tollkühnen Männer in ihren fliegenden Kisten« mit Gert Fröbe als Obert Manfred von Holstein. Bereits zur Stummfilmzeit wurde in den Vereinigten Staaten die durch die Hunnenrede Wilhelms II. entstandene Parabel von den Deutschen als wilde und wütende Hunnen aufgegriffen und in mehreren Filmen propagiert. Deutsche Soldaten gaben aber durch ihren blinden Gehorsam und ihre Obrigkeitshörigkeit auch hervorragende Bösewichte für die Filmindustrie ab, die konträr zu den Idealen von Freiheit, Gleichheit und Demokratie standen.

Aber auch in der heutigen Bundesrepublik Deutschland sind die Bilder aus dem Kaiserreich noch wirksam. Es sind weniger die stereotypen Darstellungen des preußischen Beamten als vielmehr Bilder einer »guten, alten Zeit« ohne die Probleme der Moderne, wobei in diesem Klischee die negativen sozialen Auswirkungen der Industrialisierung unter den Tisch fallen. Fotografien vom Landleben in der Kaiserzeit zeigen zwar eine eher ärmliche Bevölkerung, jedoch Menschen in einer idyllischen Landschaft, die im Laufe des 20. Jahrhunderts immer mehr der Industrie wich. Vor allem in der Zeit nach dem Zweiten Weltkrieg, in der sich die deutsche Bevölkerung nach Ruhe und Frieden sehnte und Ab-

# Die »Kaiserproklamation« von Anton von Werner

Die Kaiserproklamation in Versailles ist uns heute oftmals durch die Visualisierung eines Gemäldes von Anton von Werner vor Augen. Dabei gab es ursprünglich drei Versionen des Bildes, alle drei stammen von Anton von Werner. Einige Quellen sprechen sogar von vier verschiedenen Fassungen. Dabei sind heute alle Gemälde bis auf das bekannteste, die »Friedrichsruher Fassung« von 1885, die Bismarck gewidmet war, verschollen.

Die »Kaiserproklamation« gehört zur Gattung der Historienmalerei, die ausschließlich religiöse, mythische, sagenhafte und auch literarische Themen darstellt. Dabei werden die Akteure auf den Gemälden auf einen einzigen Geschichtsmoment reduziert, der in dieser Form nicht notwendigerweise stattgefunden haben muss, und dadurch verklärt. Im Zentrum eines Historienbildes steht meist eine heroische Einzelperson, durch deren Handeln das dargestellte historische Ereignis erst möglich wurde. Diese Sichtweise entspricht der Geschichtsschreibung des späten 19. Jahrhunderts, die immer wieder die großen Taten und Leistungen einzelner, meist männlicher Persönlichkeiten darstellte. Durch die verklärende Darstellung wird das gemalte historische Ereignis meist aus dem Zusammenhang gerissen und nahezu religiös überhöht.

Anton von Werner zählte in der zweiten Hälfte des 19. Jahrhunderts zu den beliebtesten Historienmalern in Deutschland. Um große historische Ereignisse zu beobachten, zog er beispielsweise auch mit den vereinten deutschen Truppen 1870 in den Deutsch-Französischen Krieg. Dabei war ein Zeichenblock sein ständiger Begleiter. Die Skizzen verwendete er später als Grundlage für seine Gemälde. Ihn reizte dabei die Euphorie über die Siege unter den deutschen Soldaten, und er zielte darauf ab, Momente nationaler Begeisterung einzufangen. Nach dem militärischen Sieg der Deutschen befand sich Anton von Werner im Januar 1871 bereits wieder in Deutschland, als er eine Nachricht des preußischen Kronprinzen Friedrich über die anstehende Kaiserproklamation erhielt. Friedrich schrieb ihm, dass er schnell zurückkommen solle, denn am 18. Januar 1871 würde er in Versailles einen wahrlich historischen Moment skizzieren können. Anton von Werner zögerte nicht lange und folgte dem Angebot Friedrichs nach Frankreich.

Während der Kaiserproklamation in Versailles machte sich Anton von Werner Skizzen, auf deren Grundlage seine späteren Werke entstehen sollten. Die erste Version hatte den Umfang von 4,30 Metern auf 8 Meter und wurde von Großherzog Friedrich I. von Baden in Auftrag gegeben. Er schenkte das Gemälde Kaiser Wilhelm I. am 22. März 1877 zu dessen 80. Geburtstag. Das Bild erhielt einen würdigen Platz im Berliner Stadtschloss und wurde im Zweiten Weltkrieg ebenso wie die zweite Fassung der »Kaiserproklamation« zerstört. Die bekannteste Version ist die einzig erhalten gebliebene, kleinere Fassung, die Kaiser Wilhelm Bismarck zu dessen 70. Geburtstag schenkte. Dieses Gemälde zeigt den Moment, als Großherzog Friedrich I. von Baden Wilhelm I. als Kaiser hochleben ließ. Hinter dem Kaiser stehen die deutschen Fürsten als Zeichen von Geschlossenheit und Einheit. Im Mittelpunkt des Bildes aber steht nicht etwa der Kaiser, sondern der preußische Ministerpräsident Otto von Bismarck. Von Werner malte ihn in einer strahlend weißen Uniform, obwohl Bismarck am 18. Januar 1871 wie die anderen Offiziere eine blaue Uniform trug, um ihn und vor allem seine Leistungen um die deutsche Einheit hervorzuheben. Zudem ist Bismarck der Einzige, der frontal und nicht im Profil dargestellt ist. Damit unterstreicht Anton von Werner Bismarcks entscheidende Rolle bei der Reichsgründung. Er richtet das Augenmerk des Betrachters auf den Reichskanzler und nicht auf den Kaiser. Damit zollt er der Interpretation, dass Bismarck der eigentliche Architekt des Deutschen Reiches war, Tribut.

In allen Fassungen sind deutlich die Spiegel des Versailler Spiegelsaales zu erkennen, sodass der Ort der Kaiserproklamation unverkennbar ist. Der Sieg über Frankreich wird dadurch zwar nur subtil im Hintergrund, dennoch aber für jeden Betrachter leicht ersichtlich dargestellt. Da der Spiegelsaal uneingeschränkt mit der absolutistischen Herrschaft von Ludwig XIV., dem Sonnenkönig, verbunden ist, stellt Anton von Werner mit seiner Kaiserproklamation den ersten deutschen Kaiser als Sieger über den ehemaligen französischen König dar.

stand von Militarismus und Krieg suchte, wurden viele Filmproduktionen aus dem Genre der Heimatfilme auf die Beine gestellt. Die Handlungen wurden zumeist ins »idyllische« 19. Jahrhundert verlegt, um keinerlei Verbindungen zur damaligen Gegenwart zuzulassen. Dabei spielten Lebensformen und Wertvorstellungen des Kaiserreiches eine große Rolle, auf die sich die Zuschauer einlassen konnten. Drill, Militarismus und kaiserliches Beamtentum waren weiterhin ein populäres Bild, doch wurden sie erzählerisch oft ironisch gebrochen.

Neben der ländlichen Idylle und dem Militarismus des Kaiserreiches erhielt sich ein drittes Klischee: die Kolonialwarenläden, die Ende des 19. Jahrhunderts und zu Beginn des 20. Jahrhunderts in jeder deutschen Kleinstadt aus dem Boden sprossen. Diese Läden lieferten fremde und neuartige Obstsorten wie Bananen und Ananas sowie weitere Produkte aus den Kolonien wie Kaffee, Tee und Schokolade in die deutschen Haushalte. Sie hatten ein durchweg positives Image, da sie die Ferne in die eigenen vier Wände brachten. Noch heute sind exotische Produkte und Themen in der deutschen Bevölkerung sehr beliebt. Vor allem die Werbung greift daher diese Bildwelt und die mit ihr verbundenen Assoziationen immer wieder auf und weckt das Verlangen nach Exotik.

## Bedeutung der Reichsgründung für die Bundesrepublik Deutschland

Ohne die Reichsgründung von 1871 würden weder das heutige Deutschland noch das heutige Österreich in ihrer jetzigen Form bestehen. Mitteleuropa wäre anders geordnet.

Die Bundesrepublik ist ein Nachfolgestaat des Kaiserreiches, jedoch wurzelt diese Nachfolge nicht in der Verfassung von 1871. Die Staatsform des Kaiserreiches, eine parlamentarische Monarchie, unterscheidet sich nämlich deutlich von der parlamentarische Demokratie der Bundesrepublik Deutschland. Der größte staatstheoretische und juristische Unterschied beider Staaten und

Verfassungen besteht in der freiheitlich-demokratische Grundordnung des heutigen Deutschlands, das auf dem Grundgesetz und seinem Grundrechtekatalog aufbaut. Die Verfassung des Deutschen Reiches hatte einen solchen Katalog nicht. Daher unterscheidet sich die Bundesrepublik fundamental von der Verfassung des Kaiserreiches.

Allerdings hinterließ das Kaiserreich in Gesellschaft und Kultur durchaus seine Spuren, die noch heute sichtbar sind. Hierzu zählen verschiedene nationale Symbole wie der Reichstag in Berlin und vor allem Berlin als gesamtdeutsche Hauptstadt. Hierzu konnte es nur kommen, weil sich Preußen im Dualismus gegen Österreich durchsetzen konnte. Dies wäre ohne die Politik Bismarcks nicht geschehen. Die »Hauptstadt« des Deutschen Bundes war Frankfurt am Main als Sitz des Bundestages. Als 1949 die Bundesrepublik gegründet wurde, dachte man auch über Frankfurt am Main als Hauptstadt nach. Bonn erhielt schließlich den Vorzug, um zu unterstreichen, dass die Hauptstadt lediglich ein Provisorium sei und nur Berlin die Kapitale eines vereinten Deutschlands sein könnte. Denn Berlin als Reichshauptstadt des Kaiserreiches, der Weimarer Republik und auch des Dritten Reiches hatte sich als deutsche Hauptstadt in den Köpfen der Bevölkerung durchgesetzt. Schließlich wurde die geteilte Stadt Berlin zum Symbol des Kalten Krieges und der deutschen Teilung. Als 1990 die Wiedervereinigung gefeiert wurde, war es für die Mehrheit der Deutschen ein emotionales Bedürfnis, Berlin wieder zur Hauptstadt und zum Regierungssitz zu machen. Das Parlament gehörte für die große Mehrheit in den Berliner Reichstag und nicht in den gerade frisch renovierten Sitzungssaal des Bundestages in Bonn.

Letztlich ist die Aufteilung des geografischen Gebietes des Deutschen Bundes in Deutschland und Österreich ohne die Reichsgründung nicht denkbar. Bismarck wollte Preußen zur stärksten Kraft in Deutschland machen und Österreich aus Deutschland herausdrängen. Seither haben beide Staaten ein besonderes Verhältnis zueinander, was auch zum Anschluss Österreichs durch Adolf Hitler im Dritten Reich führte.

Im Bereich der Rechtsprechung ist vor allem das Bürgerliche Gesetzbuch ein Überrest aus der Kaiserzeit. Seit der Reichsgründung verstärkte sich in der Bevölkerung wie auch in der Politik der Ruf nach einem Gesetzbuch. Auf Drängen der Nationalliberalen beschloss der Reichstag 1873, dem zu entsprechen. 1888 legte ein Komitee aus Beamten, Professoren und Juristen einen ersten Entwurf vor. Schließlich wurde ein dritter Entwurf 1896 dem Reichstag vorgelegt. Am 1. Januar 1900 trat das Bürgerliche Gesetzbuch (BGB) durch das Einführungsgesetz zum Bürgerlichen Gesetzbuch dann in Kraft.

Auch die Sozialgesetzgebung der Bundesrepublik Deutschland, die ihre Wirtschaftsform als soziale Marktwirtschaft definiert, hat ihren Ursprung im Kaiserreich. Mit den Sozialgesetzen von 1883, 1886 und 1889 begann Bismarck den Sozialstaat aufzubauen.

In der Erinnerungskultur der Bundesrepublik Deutschland spielt die Reichsgründung kaum eine Rolle. Die antidemokratische Politik, die Monarchie, der Drang Wilhelms II. nach Weltgeltung und nicht zuletzt die Kriegsschuld am Ersten Weltkrieg passen nicht in die freiheitliche und demokratische Grundordnung der Bundesrepublik. Hymne und Flagge des Deutschen Reiches wurden bereits in der Weimarer Republik nicht übernommen und spielten auch bei der Gründung der Bundesrepublik keine Rolle. Einzig und allein Verbände wie beispielsweise der Deutsche Fußball Bund (DFB) oder der Deutsche Sportbund behielten in ihren Trikots für die Auswahlmannschaften die preußischen Farben schwarz und weiß, gelegentlich mit rot versetzt.

## Was von den Kaisern blieb

Ein deutlich sichtbarer »Überrest« des Kaiserreiches sind heute die vielen Bauten, Denkmäler, Straßennamen, Plätze und Kanäle in Deutschland. Kaiser Wilhelm II. war ein bedingungsloser Anhänger des Historismus, der seinem Wunschdenken nach Größe und Geltung architektonisch nahe kam, und wollte sein Reich gestalten. Daher ist es nicht verwunderlich, dass der Kaiser verschiedene Bauvorhaben anstieß, die hauptsächlich in der Reichshauptstadt Berlin, aber auch in anderen Teilen des Reiches entstanden und den Anspruch des Kaiserreiches auf Weltgeltung und Monumentalität unterstreichen sollten. Viele von ihnen stehen noch heute und haben beide Weltkriege überlebt. Sie sind das sichtbare, begehbare und erlebbare Erbe Wilhelm II. und des Kaiserreiches. Im Folgenden seien einige bekannte Bauten aus dem Kaiserreich aufgelistet:

Am Nordende der Berliner Museumsinsel ließ Wilhelm II. das Kaiser-Friedrich-Museum im neobarocken Stil als Erinnerung an seinen verstorbenen Vater errichten. Jahrzehnte später wurde es von der DDR-Führung in Bode-Museum umbenannte, im Volksmund erhielt es aber aufgrund seiner verzierten Kuppelhalle den Spitznamen »Museumspalast«.

Ebenso ließ Wilhelm II. den Berliner Dom im Stil der italienischen Hochrenaissance errichten. Sein Gedanke war, einen Zentralbau des Protestantismus zu begründen, wie ihn die Katholiken im Petersdom in Rom haben. Der Berliner Dom wurde am 27. Februar 1905 von Wilhelm II. persönlich eingeweiht und ist heute wieder erlebbar.

Das sicherlich am engsten mit Wilhelm verbundene Bauwerk Berlins ist die Kaiser-Wilhelm-Gedächtnis-Kirche in Charlottenburg. Wilhelm II. ließ sie in Erinnerung an seinen Großvater Wilhelm I. im westlichen Zentrum Berlins am Kurfürstendamm erbauen. Die 1895 eingeweihte Kirche sollte vor allem an den Sieg seines Großvaters über die Franzosen bei Sedan im Jahr 1870 erinnern. Durch schwere Bombentreffer beschädigt, steht heute allerdings nur noch die Ruine der alten Kirche.

Auch die Politik sollte architektonisch berücksichtigt werden. Daher begannen bald die Planungen für ein Reichstagsgebäude, allerdings wurde der neue Sitz des Parlaments erst im Dezember 1894 fertiggestellt und von Wilhelm II. mit den Worten »Por patria et gloria« eingeweiht. Der Kaiser schenkte aber weder dem Parlament noch seinem Gebäude große Beachtung und verspottete den Bau bisweilen auch als »Schwatzbude«. Erst im Jahr 1916 wurde der Schriftzug »Dem deutschen Volke« an der Außenwand angebracht. Wilhelm II. hätte sich am Tag der Einweihung nicht träumen lassen, dass der Politiker Philipp Scheidemann ausgerechnet von einem Balkon des Reichstages das Ende der Monarchie und den Beginn der Republik ausrufen würde.

Weitere bedeutende verwirklichte Bauprojekte Wilhelms II. sind der Kaiserbahnhof und Schloss Cecilienhof in Potsdam, die Hohenzollernbrücke mit der Statue Kaiser Wilhelms II. in Köln sowie die Königliche Bibliothek unter den Linden, die heute die Stiftung Preußischer Kulturbesitz beherbergt, sowie der Marstall in Berlin.

Mit seinen Bauprojekten gelang es Wilhelm II. tatsächlich, sich in der Erinnerung der Deutschen zu verankern. Er formte Berlin architektonisch zu einer modernen und doch klassisch anmutenden Hauptstadt. Viele seiner Gebäude prägen das Stadtbild und die Skyline des heutigen Berlins und sind zu Synonymen der Stadt geworden.

Das wichtigste Denkmal für die Reichsgründung ist die über fünfzig Meter hohe Berliner Siegessäule mit der krönenden Viktoria. Sie wurde ursprünglich anlässlich des preußischen Sieges im Dänischen Krieg geplant. Da Preußen jedoch innerhalb weniger Jahre die anderen beiden Reichseinigungskriege ebenfalls siegreich bestritt, wurde sie um zwei Segmente erweitert. Eingeweiht wurde die Siegessäule am 2. September 1873, am Jahrestag der siegreichen Schlacht von Sedan im Jahr 1870.

Die Nationalsozialisten ließen 1940 ein viertes Segment hinzufügen, dass den Sieg über Frankreich in jenem Jahr repräsentierte. Sie ließen die Siegessäule auch von ihrem ursprünglichen Standort auf dem Königsplatz, dem heutigen Platz der Republik, an den gegenwärtigen versetzen. Seit 1939 steht die Siegessäule inmitten des Großen Sterns in Berlin.

## Wie wäre die deutsche Geschichte ohne die Reichsgründung verlaufen?

Ohne die Gründung des Deutschen Reiches unter preußischer Vorherrschaft sind verschiedene historische Szenarien möglich, die teilweise kaum unterschiedlicher sein könnten. Es ist jedoch schwer zu erahnen, was geschehen wäre, wenn es 1871 nicht zur Gründung des Deutschen Reiches gekommen wäre. Sicher erscheint nur, dass der Drang nach einem einheitlichen deutschen Nationalstaat in der Bevölkerung, aber auch unter der Obrigkeit sowie in der Politik so groß war, dass die Gründung eines vereinten Deutschland wahrscheinlich auch auf andere Weise, unter anderen Umständen und von einem anderen politischen Lager ausgehend stattgefunden hätte. Hierbei wäre die Frage zu erörtern, ob Preußen oder doch Österreich die Oberhand gewonnen hätte, mit anderen Worten: ob es zu einer kleindeutschen oder großdeutschen Lösung gekommen wäre.

Im Folgenden einige Szenarien, wie die deutsche Geschichte ohne die Gründung des Deutschen Reiches hätte verlaufen können, sofern entsprechende Aussagen und Gedankenspielereien überhaupt möglich sind:

Variante 1: Wäre es Bismarck nicht gelungen, die süddeutschen Staaten Baden, Hessen, Württemberg und Bayern zu einem Beitritt zum Norddeutschen Bund zu bewegen, wäre folgende Szenerie in Mitteleuropa möglich gewesen: Die Doppelmonarchie Österreich-Ungarn und der preußisch dominierte Norddeutsche Bund wären die beiden mächtigen Staaten gewesen, zwischen denen sich neben der Schweiz die kleineren deutschen Staaten als unabhängige Fürstentümer etabliert hätten. Es ist fraglich, ob Frankreich bestrebt gewesen wäre, sich die schwächeren deutschen Fürstentümer am Rhein einzuverleiben. Baden allein hätte einem französischen Angriff sicher nicht lange standgehalten. Neben Preußen und Österreich würde es heute wohl eine Reihe kleinerer deutscher Staaten geben.

Mit dieser Konstellation und ohne die Angst vor einer französischen Revanche für 1871, welche die Außenpolitik des Kaiserreiches bestimmte, ist fraglich, ob die Ermordung des österreichisch-ungarischen Thronfolgerpaars im Jahr 1914 in Sarajevo eine ähnliche Kettenreaktion ausgelöst hätte, wie sie es im Juli und August 1914 tatsächlich tat. Wahrscheinlich wären andere als die tatsächlichen Koalitionen in den Ersten Weltkrieg eingestiegen – vielleicht hätte Österreich ohne »Nibelungentreue« sogar gegen Preußen gekämpft. Entsprechend anders hätte dann auch die deutsche Geschichte des 20. Jahrhunderts ausgesehen, in der es dann zumindest einen anderen Versailler Vertrag und unter Umständen weder die Weimarer Republik noch das Dritte Reich gegeben hätte.

Variante 2: Wenn die Reichsgründung 1871 nicht stattgefunden hätte, dann wäre auch eine weitere deutsche Revolution denkbar gewesen. Ähnlich wie 1848 hätte es in den meisten deutschen Ländern zu einer Revolution kommen können. Dabei hätte unter Umständen das Bürgertum abermals eine gewichtige Rolle gespielt. Ein politisiertes Bürgertum hätte einen einheitlichen Nationalstaat gefordert mit einem zollfreien Binnenmarkt. Denkbar ist, dass auch mit einer solchen Revolution der Adel in Deutschland abgeschafft worden wäre – wie in der Französischen Revolution. Bei einem revolutionären Umsturz um die Jahrhundertwende hätte allerdings die Arbeiterschaft eine nicht zu vernachlässigende Rolle gespielt. Sie war 1848 aufgrund der rückständigen Industrie im Deutschen Bund noch nicht als solche greifbar. Arbeiterunruhen zeichnen ohnehin die Geschichte des frühen 20. Jahrhunderts. Daher hätte es passieren können, dass nicht etwa das Bürgertum und der Liberalismus zum Träger einer Revolution hätte werden können, sondern die Arbeiterschaft und der Sozialismus. In diesem Fall wäre Deutschland die historische Rolle zugefallen, die das ehemalige Zarenreich 1917 spielte. Denkbar ist, dass Deutschland nicht den Weg zur Demokratie gefunden hätte, sondern ein sozialistischer Staat geworden wäre.

Variante 3: Es sind noch weitere Gedankenspiele möglich, die zeigen, wie sich Österreich zu Preußen und zum Norddeutschen Bund hätte verhalten und was mit den anderen deutschsprachigen Gebieten, also den von den beiden Mächten unabhängigen deutschen Staaten, hätte passieren können. Eine Vereinigung von Österreich, Preußen und allen anderen Staaten im Sinne einer großdeutschen Lösung scheint zwar eher abwegig, da sich Österreich ab 1866 zunehmend aus Deutschland zurückzog, dennoch wäre dadurch in der Mitte Europa ein mächtiger Staat entstanden, der vom Schwarzen Meer bis zur Nordsee gereicht hätte.

Fest steht jedoch, dass die Gründung des Deutschen Reiches 1871 eine Zäsur in der deutschen Geschichte darstellt und verschiedene Resultate offenbart: die Einheit der Nation, die Vorherrschaft Preußens, der Ausschluss Österreichs und die Einführung eines neuen Kaisertums. Häufig wird die Reichsgründung auch als Beginn einer deutschen Nationalgeschichtsschreibung verwendet, da Deutschland davor zwar als Staatenbund, nicht aber als Nationalstaat existierte. Diese Sichtweise übersieht aber meist die älteren Traditionen aus dem Vormärz oder aus der Revolution von 1848 nebst dem Paulskirchenparlament.

Die Reichsgründung im Jahr 1871 und ihre direkten Folgen wie die Vorherrschaft Preußens, der Ausschluss Österreichs und die Erbfeindschaft zu Frankreich beherrschten viele Jahrzehnte der deutschen Geschichte und wirken noch heute nach. Das Ereignis ist daher in seiner Bedeutung kaum zu unterschätzen, auch wenn der daraus entstandene Staat, das Deutsche Kaiserreich, nur bis 1918 Bestand hatte.

# Anhang

## Zeittafel

| | |
|---|---|
| 1803 | Reichsdeputationshauptschluss: Säkularisierung der geistlichen Gebiete, der kleineren Fürstentümer, Grafschaften sowie der meisten Reichsstädte |
| 1804 | Erstes bürgerliches Gesetzbuch in Frankreich (Code Napoléon) |
| 1813/14 | Befreiungskriege gegen Napoleon |
| 1814/15 | Wiener Kongress |
| 1815 | Zusammenschluss von 39 Mitgliedern zum Deutschen Bund |
| 1817 | Wartburgfest |
| 1819 | Ermordung des Dichters August von Kotzebue/ Karlsbader Beschlüsse |
| 1830 | Julirevolution in Frankreich/Unruhen und Aufstände in mehreren deutschen Bundesstaaten |
| 1832 | Hambacher Fest |
| 1834 | Gründung des Deutschen Zollvereins unter preußischer Führung |
| 1835 | Erste deutsche Einsenbahnlinie Nürnberg-Fürth |
| ab 1840 | Beginn der industriellen Revolution in Deutschland |
| 1840–61 | Regentschaft Friedrich Wilhelms IV. |
| 1847 | Einberufung des Vereinigten Landtages in Berlin als beratende ständische Vertretung |
| 1848 | Februarrevolution in Paris, Märzrevolutionen in Deutschland, Einberufung einer Nationalversammlung in Frankfurt |
| 1849 | Zustimmung der Nationalversammlung zu einer Reichsverfassung mit kleindeutscher Lösung; Friedrich Wilhelm IV. soll Erbkaiser werden, Ablehnung der Kaiserwürde durch denselben; Auflösung der Nationalversammlung |

| | |
|---|---|
| 1858 | Prinz Wilhelm übernimmt die Regentschaft in Preußen |
| 1862 | Preußischer Verfassungskonflikt, Bismarck zum preußischen Ministerpräsidenten ernannt |
| 1864 | Deutsch-Dänischer Krieg |
| 1866 | Deutscher Krieg zwischen Österreich und dem Deutschen Bund mit Preußen |
| 1870/71 | Deutsch-Französischer Krieg |
| 1871 | Kaiserproklamation und Gründung des Deutschen Reiches, Wilhelm I. wird deutscher Kaiser, Bismarck wird Reichskanzler |
| 1872–79 | Kulturkampf gegen die katholische Kirche |
| 1878 | Gesetz gegen die gemeingefährlichen Bestrebungen der Sozialdemokratie |
| 1879 | Zweibund des Deutschen Reiches mit Österreich-Ungarn, Einführung von Schutzzöllen |
| 1881 | Dreikaiservertrag zwischen Russland, Österreich-Ungarn und dem Deutschen Reich |
| 1883 | Beginn der Kolonialzeit des Deutschen Reiches |
| 1883–89 | Einführung der Sozialgesetzgebung |
| 1888 | Dreikaiserjahr: Tod Wilhelms I., Tod Friedrichs III., Wilhelm II. wird deutscher Kaiser |
| 1890 | Entlassung Bismarcks, Ende des Sozialistengesetzes |
| 1898 | Erstes Flottengesetz, Beginn der Aufrüstung der deutschen Marine |
| 1900 | Zweites Flottengesetz |
| 1904 | Entente cordiale zwischen Frankreich und England |
| 1905/06 | Erste Marokko-Krise |
| 1912 | Letzte Reichstagswahl im Kaiserreich, SPD mit 34,8 Prozent stärkste Fraktion |
| 1914 | Attentat auf den österreichischen Thronfolger Franz Ferdinand in Sarajewo, Beginn des Ersten Weltkrieges |
| 1914–18 | Erster Weltkrieg |

# Die preußischen Könige

| | | |
|---|---|---|
| Friedrich I. | 1701–13 | König *in* Preußen |
| Friedrich Wilhelm I. | 1713–40 | |
| Friedrich II., der Große | 1740–86 | ab 1772 König *von* Preußen |
| Friedrich Wilhelm II. | 1786–97 | |
| Friedrich Wilhelm III. | 1797–1840 | |
| Friedrich Wilhelm VI. | 1840–61 | |
| Wilhelm I. | 1861–88 | Bruder Friedrich Wilhelms IV. ab 1871 Deutscher Kaiser |
| Friedrich III. | 1888 | nur 99 Tage im Amt |
| Wilhelm II. | 1888–1918 | ab 1918 im Exil |

# Die Reichskanzler des Deutschen Kaiserreiches

| | |
|---|---|
| Fürst Otto von Bismarck | 16. April 1871 – 20. März 1890 |
| Graf Leo von Caprivi | 20. März 1890 – 26. Oktober 1894 |
| Fürst Chlodwig zu Hohenlohe-Schillingfürst | 29. Oktober 1894 – 17. Oktober 1900 |
| Fürst Bernhard von Bülow | 17. Oktober 1900 – 14. Juli 1909 |
| Theobald von Bethmann-Hollweg | 14. Juli 1909 – 13. Juli 1917 |
| Georg Michaelis | 14. Juli 1917 – 1. November 1917 |
| Graf Georg von Hertlin | 1. November 1917 – 30. September 1918 |
| Prinz Max von Baden | 3. Oktober 1918 – 9. November 1918 |

# Literatur

Frank Becker, Bilder von Krieg und Nation. Die Einigungskriege in der bürgerlichen Öffentlichkeit Deutschlands 1864–1913, München 2001.

Helmut Berding und Hans-Werner Hahn, Gebhardt Handbuch der deutschen Geschichte, Bd. 14, Reformen, Restauration und Revolution. 1806–1848/49, Stuttgart 2009.

Volker R. Berghahn, Imperial Germany, 1871–1914. Economy, Society, Culture, and Politics, Providence 1994.

Erich Brandenburg, Die Reichsgründung, 2 Bde., Leipzig 1916.

Konrad Canis, Bismarcks Außenpolitik 1870–1890. Aufstieg und Gefährdung, Paderborn 2004.

Christopher Clark und Norbert Juraschitz, Wilhelm II. Die Herrschaft des letzten deutschen Kaisers, München 2009.

Christopher Clark, Preußen. Aufstieg und Niedergang. 1600–1947, München 2007.

Anselm Doering-Manteuffel, Die deutsche Frage und das europäische Staatensystem 1815–1871, München 1993.

Geoff Eley, From Unification to Nazism. Reinterpreting the German Past, London 1992.

Michael Epkenhans, Leben im Kaiserreich. Deutschland um 1900, Stuttgart 2007.

Jörg Fisch, Europa zwischen Wachstum und Gleichheit, 1850–1914, Stuttgart 1994.

Ewald Freie, Das Deutsche Kaiserreich, Darmstadt 2004.

Lothar Gell, Bismarck. Der weiße Revolutionär, Frankfurt am Main 1980.

Dieter Hein, Die Revolution von 1848/49, München 2007.

Dieter Hertz-Eichenrode, Deutsche Geschichte 1871–1890. Das Kaiserreich in der Ära Bismarck, Stuttgart 1992.

Dieter Hertz-Eichenrode, Deutsche Geschichte 1890–1914. Das Kaiserreich in der Wilhelminischen Zeit, Stuttgart 1996.

Klaus Hildebrand, Deutsche Außenpolitik 1871–1918, München 1994.

Dieter Langewiesche, Nation, Nationalismus, Nationalstaat in Deutschland und Europa, München 2000.

Wolfgang J. Mommsen, Bürgerstolz und Weltmachtstreben. Deutschland unter Wilhelm II., 1890 bis 1918, München 1995.

Klaus Müller, 1866. Bismarcks deutscher Bruderkrieg: Königgrätz und die Schlachten auf deutschem Boden, Graz 2007.

Thomas Nipperdey, Deutsche Geschichte 1866–1918, 2 Bde., München 1992.

Otto Pflanze, Bismarck, 2 Bde., München 1997.

Bernd Ulrich, Jakob Vogel und Benjamin Ziemann, Untertan in Uniform. Militär und Militarismus im Kaiserreich 1871–1914, Frankfurt am Main 2001.

Volker Ulrich, Die nervöse Großmacht: Aufstieg und Untergang des deutschen Kaiserreiches 1871–1918, Frankfurt am Main 2007.

Hans-Ulrich Wehler, Das Deutsche Kaiserreich 1871–1918, Göttingen 1988.

Hans-Ulrich Wehler, Deutsche Gesellschaftsgeschichte, Bd. 2, Von der Reformära bis zur industriellen und politischen »Deutschen Doppelrevolution« 1848/49, München 1987.

Hans-Ulrich Wehler, Deutsche Gesellschaftsgeschichte, Bd. 3, Von der »Deutschen Doppelrevolution« bis zum Beginn des Ersten Weltkrieges 1849–1914, München 1995.

Heinrich August Winkler, Der lange Weg nach Westen, Bd. 1, Deutsche Geschichte vom Ende des Alten Reiches bis zum Untergang der Weimarer Republik, München 2000.


## Verzeichnis der Karten und Schaubilder

# Register